熱愛可抵歲月漫長，它是疲憊生活的英雄夢想

老楊的貓頭鷹——著

前言

小時候，束縛你的是那句「你還是個孩子」；長大後，束縛你的是那句「你已經是個大人了」。

小時候，你幻想自己能夠拯救世界；長大後，你只希望生活可以放過自己。

你成天嚷嚷著要自由，但真給你自由的時候，你卻不知道該做什麼，只會躺著玩手機，坐著玩手機，站著玩手機。

以至於不管你哪裡不舒服，你媽媽都覺得你是玩手機玩出來的。

你整天喊著要減肥，但你為減肥做過的最大努力，就是在吃火鍋、吃烤肉、吃蛋糕的時候，配了一瓶無糖飲料。

以至於別人是月入十萬，而你是月入十萬卡路里。

你特別喜歡熬夜，就像上輩子是個路燈。

以至於第二天，你一看文件就「好睏呀」，一碰啞鈴就「好累呀」，一提吃飯就「好的呀」。

你並不確定自己喜歡什麼，曾經非常想要的東西，卻在到手的時候突然就對它沒感覺了。

你並不知道自己要去哪裡，背上行囊的目的，有時候僅僅是為了讓自己看起來是個有去處的人。

也曾想談個戀愛，可是看遍了身邊的人，居然沒有一個能讓自己動心的。

也曾有人向你表白，但是沒有誰堅持到底了；也曾和某某曖昧，但是統統以失望爛尾；也曾試過銷聲匿跡，但是等來的卻是無人問津。

讓你難過的，都說自己沒有惡意；讓你受傷的，都說自己不是故意。

對你好的人，你弄丟一個就少了一群；讓你討厭的人，你見完一個卻來了一批。

紀念日越來越多，值得紀念的日子卻越來越少；朋友圈越刷越多，朋友卻越來越少。

讓你激動的都是別人剪輯過的詩意與遠方，所以你越來越忍耐不了眼前的苟且和無聊；讓你感動的都是別人加工過的仁義和忠孝，所以你根本就感受不到身邊的感動與美好。

發起狠來，你恨不得將腦子格式化了；但重新愛上自己的理由，僅僅是因為洗了個頭。

你想做的事情沒有選擇權，不想做的事情又拒絕不了。

你喜歡的東西沒資格擁有，不喜歡的東西又捨不得丟。

結果是，你的生活中堆滿了「可以做但又覺得沒什麼意思的事」、「做不到卻又不得不做的事」，以及「不想做卻又不好意思不做的事」，唯獨沒有你喜歡的事。

你意識不到自己得到了什麼，卻總能記住自己付出了什麼。

你記不住別人為自己做過了什麼，卻總能記住別人沒有為自己做什麼。

你一次次吹響「改變自己」的衝鋒號，卻很快就癱坐在離出發不遠的地方。

沒有人惹你生氣，也沒有人給你驚喜。一年的快樂總和，都不如學生時代的下課十分鐘。

沒有愛恨，也沒有心情。即使每天99%的時間都是面帶微笑，但你很清楚自己並不快樂。

漸漸地，你的生活從可歌可泣變成了可「擱」可「棄」，從什麼都敢變成了什麼都怕，從浪漫主義活成了「什麼都無所謂」主義，從理想主義變成了「什麼都不想理」主義。

其實，和任何一種生活摩擦，久了都會起毛球。

但是，既然你已經登上了生活的「賊船」，那就當個快樂的海盜。

不要裝酷或者冷漠，整個宇宙已經夠冷了。真正寶貴的是那些溫暖而純粹的東西，比如自信、自愛、快樂、宜人、獨立、謹慎、耐髒，以及熱愛。

我所理解的「自信」，不僅是隨時隨地都覺得「我能行」，還包括竭盡全力之後坦然地承認「我不行」，以及面對討厭的人能夠大方地說「我不想行」；就是相愛的時候有能力與之熱情相擁，分開的時候有勇氣坦然相送。

我所理解的「自愛」，就是不用靠虛張聲勢來為自己壯膽，不需要誰的誇獎來證明自己真的很棒，而是內心坦蕩而且確定：「我就是這樣，有優點也有缺點，喜歡我的請繼續，討厭我的別放棄。」

我所理解的「快樂」，就是走在路上，你會覺得這個世界沒有什麼惡意；就是別人見到你，會覺得你肯定有什麼好事。

我所理解的「宜人」，就是出現了矛盾，你和那個他都明白，是「我們PK問題」，不是「我PK你」。

我所理解的「獨立」，不只是發生在下班之後的房間裡，進了停車場的車裡，關上門的廁所裡，還包括在熙熙攘攘的人群面前，在千篇一律的潮流面前，在眾口鑠金的偏見面前。

我所理解的「謹慎」，不是在人前謹小慎微，不是在事前縮手縮腳，而是面對問題時，不看輕任何一個人；就是別人選擇的種種，你可以不喜歡，但不會出言掃興。

我所理解的「耐髒」，不是等同於眉清目秀或者錦衣華服，而是不會變冷的血，是不會被市井荼毒的魂，是說一千遍「歸來還是少年」也裝不出來的真。

我所理解的「熱愛」，就是想做的事情不會隨隨便便地做，不想做的事情盡量不勉強自己做；就是不怕落入俗套，但浪漫不死；就是竭盡全力之後，允許自己顆粒無收；就是在平凡的生活中擁有討好自己的能力；就是相信有無數條道路可以通往明天；就是會想方設法地找到被生活藏起來的糖果。

畢竟，你也只有一個一生，要好好活過，才知好歹。

你只有去做點什麼，才能確定自己是「遠非如此」，還是「真的不行」。

你只有去熱愛點什麼，才能確認是「生活沒意思」，還是「自己太乏味」。

你只有邁出了腳步，才能知道橫在面前的石頭是「絆腳的」，還是「墊腳的」。

就像作家周國平說的那樣：「就算人生是齣悲劇，我們也要有聲有色地演這齣悲劇，不要失掉了悲劇的壯麗和安慰；就算人生是個夢，我們也要有滋有味地做這個夢，不要失掉了夢的精緻和樂趣。」

一輩子很長，如果不快樂，那就更長了。

所以，不要和爛人爛事糾纏，不要忘了自己想要什麼，不要只走好走的路，不要把幸福寄託在別人身上，不要忽略了細微的感動，不要太早下定論，不要把時間浪費在解釋上。

不要把最糟糕的一面留給最愛你的人，不要跟風去指責你完全不了解的人或事，不要把自己變成被戾氣裹挾的混蛋。

要做一個「知足又上進，溫柔又堅定」的大人，要學會跟孤獨、委屈和失望相處，要學會自律、保持樂觀並懂得拒絕，要懷有熱情並充滿耐心。

要做你喜歡的事，做你覺得對的事，做你覺得值得的事，就算這些選擇在別人看來很傻、很虧、很不講理，但你自己明白，這些選擇足以對抗生活的「不爽」，成為你的「暗爽」。

所謂「積極的心態」，就是哪怕自己不曾擁有，也能愉快地欣賞別人擁有；就是哪怕在風雨交加的黑夜裡孤獨前行，心裡也還能想著在地球上的某個地方正風和日麗。

所謂「最好的狀態」，就是每天晚上都能乾乾淨淨、心安理得地入睡，每天早上都能清清爽爽、精神抖擻地醒來。

所謂「很好的一生」，就是今天要做的事情都做了，今天要愛的人都愛了，今天想吃的東西都吃到了。

這個世界沒有世外，也沒有桃源，當你對生活懷有足夠的熱愛時，你實際上就找到了通往快樂星球的祕密通道。

當你對喜歡的事情不遺餘力時，遺憾的事情就會越來越少；當你將好玩的東西塞滿了生活時，討厭的東西自然就沒了容身之地。

希望世界上所有的久處不厭都是因為「啊，你怎麼越來越可愛了」，而不是因為「算了算了，都已經在一起這麼久了」。

希望所有的大齡男女還有不負此生的決心，而不是像個包裹一樣把自己隨便地寄出去。

希望所有的中老年人還有追求愛情的勇氣和享受生活的熱情，而不必擔心被旁人說成「老不正經」。

希望正在努力的年輕人能夠堅定地做自己，而不必介意被隨波逐流的人當成異類。

希望內向的人有底氣拒絕某個人或者圈子，而不是勉為其難地成為面目模糊的某某。

你要快樂，不必正常；要活得漂亮，還要耐髒；要慢慢理解世界，還要慢慢更新自己；要及時清醒，還要事事甘心。

注定不能萬事如意的人生，就不祝你一帆風順了，我祝你乘風破浪。

願你保持熱愛，奔赴山海。

老楊的貓頭鷹

2020.2.15　瀋陽

目錄

@所有人，

你愛聽不聽的社交建議：

1. 互道晚安之後，
如果看見朋友發了新動態或者還在繼續和別人互動，
要有不去質問的默契。

2. 如果有一天鬧翻了，
絕不能加油添醋地在任何人面前說對方的壞話，
就算做不了朋友，你還得做人。

01

天生我材必有用，一直不知道要怎麼用

1

二十二歲，你大學畢業了，滿懷希望地進了一家看起來還不錯但其實根本就不了解的公司，做了一份聽起來很有前途但感覺不到什麼價值的工作。

那時的你很有上進心，每天都在埋頭苦幹，可是到了年底，你和那些整天混時間的同事一樣，都是多拿一個月的年終獎金。

老闆盯著你看了半天，你以為他會當眾誇獎你，你覺得在精神上得到補償也不錯，結果他蹦出來一句：「你……你是姓張吧？」

你覺得很委屈，覺得努力沒有意義。

就像是，你趕了一夜的假期作業，第二天去報到的時候，老師居然不檢查。

到了二十七歲，你遇到了和你年紀相仿的另一半，你們東拉西扯地聊著。那個晚上，對方在微信裡對你說：「我覺得你還不錯。」你客氣地回了一句：「你也不錯。」

然後，你還沒搞清楚這算不算是正式交往，雙方的家長就擺出了宴請八方的陣仗。再然後，你和那個人各藏心事，影帝影后般開始出演下半生。

你偶爾會覺得失望，但又覺得已經這樣了。

就像是，你在板子上釘釘子，已經釘進去了一大半，發現不太對，但現在費力把它拔出來，你又覺得很麻煩。

到了三十五歲，你的工作穩定了，日子也固定了，每天過得就像是用3D印表機列印出來的：一樣的人、一樣的事、一樣的雞毛蒜皮。

於是，你跟你的另一半提議：「下個月去日本玩吧。」對方回答說：「花那個錢不如幫孩子報個補習班。」

你覺得對方說得也對，就是很乏味。

就像是，你想去上海看周杰倫的演唱會，就隨口說了一句「機票好貴哦」，然後有人建議你：「那你還是去廣州吧，去廣州的機票便宜。」

等到七老八十，你躺在病床上，腦海裡翻閱了一下自己的人生過往，突然發現，自己早在和那個並不喜歡的人結婚的時候就已經死掉了。

十六歲紅著臉告白的某某，再怎麼用力去想，都想不起來長什麼樣子了；二十四歲握緊拳頭說要存到的存款數字，也已經完全記不得是多少了。

你覺得這樣的一生也沒出什麼差錯，就是挺沒意思的。

就像是，你排了好久的隊才買到了一張電影票，可是一直到電影要結束了才意識到，只是一部不好笑的喜劇片。

成長的感覺，就是在你降落到這個星球的時候，有個聲音告訴你，說你可以擁有一切，結果等你糊里糊塗地混到一把年紀了，卻有無數個聲音在提醒你，說你的人生只能這樣了。

就像是，你被推進了一個巨大的迷宮之中，你每天都在賣力地尋找出口，結果突然有一天，有人告訴你，說這個迷宮根本就沒有出口。

2

幾個朋友打算晚上去吃烤肉，我問天天喊著減肥的吳大小姐去不去，她糾結了兩秒鐘，然後挑著眉毛回答道：「我還是拋硬幣決定吧！」

我原本以為，拋到數字或者拋到圖案的某一面，她就不去了。結果她補了一句：「如果硬幣摔碎了，我就不去！」

吃烤肉的時候，有人臨時有事提前走了，隨後在微信群裡發了「拜拜」兩個字。

結果吳大小姐驚叫道：「天啊，我有個重大發現，『拜拜』這兩個字像是四根烤串耶！」

我瞬間覺得我的白眼都要翻到頭頂上去了。

吃完烤肉，我送吳大小姐回家，走著走著，她突然就跳了起來，然後雙手在空中用力地拍了一下。完成這個詭異的動作之後，她開始咯咯地笑。

見我一臉詫異，她解釋道：「剛才的飯桌上有八隻大蝦，我只吃了四隻，表現得很節制，值得表揚一下，所以我就和自己來了一次『Give me five』（擊掌）。」

我又翻了一次白眼，問她：「那為什麼要跳起來拍？」

她繼續咯咯地笑：「因為本姑娘的靈魂長得太高了，不跳起來，根本碰不到！」

等她笑聲停了，我對她說：「你和以前不太一樣了，心態上好了很多。」

吳大小姐回應道：「回想當年，我和自己做鬥爭，真是差點沒犧牲！」

吳大小姐和自己的鬥爭堪稱是一場曠日持久的戰役。

上國中的時候，爸媽總是吵架，她的內心戲就是：「都怪你們，害得我不能好好學習，那我不學了，看你們還吵不吵？」可是後來成績真的嚴重下滑了，爸媽卻不認為是大人的錯，更糟糕的是，她並沒有報仇的快感，反倒是覺得學習越來越吃力了。

後來開始工作，老闆不太重視她，她的內心戲就是：「哼，努力了跟那些沒努力的人一樣，那我也不努力，看你虧不虧？」結果她在工作中錯誤百出，老闆當然不會覺得自己有責任，於是把她辭退了。

戀愛的時候，和男朋友吵架了，她就不吃不喝不睡，她心想：「這一切都是你造成的，是你害我不能好好生活的，那我乾脆就不好好活了。」結果是，在某個傍晚，她一頭栽倒在洗手臺邊……

她慢慢意識到，跟自己較勁的結果每次都是「賠了夫人又折兵」，不僅沒能解決問題，而且大大提升了生活的難度。

她說：「抽到一副爛牌，如果你賭氣把牌打得更爛，看似是在替自己出一口惡氣，其實是在為自己挖一個大坑。老天也好，老闆也好，都是吃軟不吃硬的傢伙，我嚇不了他們，跟他們賭氣，無非是把委屈洩憤到我自己身上。」

這就好比說，你是個種莊稼的，遇到災年了就努力把損失降到最低。你總不能往田埂上一躺，然後怨天怨地怨空氣，指著老天爺開罵：「老子不活了！」這有什麼用，結果只會是活活餓死！

然而類似的情況卻常常發生。

有人因為父母逼著自己選了一個不喜歡的學校或者專業，所以整個大學生涯都浪費在遊戲和玩樂上；有人因為寢室裡、團隊中有一個極不喜歡的人，所以整天都在憤慨、鬱悶和難受的情緒中打轉；有人因為老闆沒給自己一份有意義的工作，所以整個職業生涯都消耗在了消極怠工和故意對抗上；有人因為遇到了一個糟糕的戀人，所以餘生都處在消極厭世的狀態中；有人因為別人的一句話說得不太中聽就把婚後的日子過得風聲鶴唳……

他們都覺得自己委屈，他們共同的心聲是：「發這麼爛的牌給我，輸了怪我？」

問題是，事情已經發生了，已經是事實了，已經不可更改了，如果你避免不了，那就應該學會接受，然後努力去打開新局面，而不是用賭氣的方式來擴大傷害。

你不能用眼前的壞事，趕走了未來的好事。

最好的心態是，晴天時愛晴，雨天時愛雨。

至於那些不期而遇的凌厲白眼，就讓它們白著吧，你就當是初春的梨花開滿了枝頭。

至於那些不請自來的風涼話，就讓它們涼著吧，你就當是酷暑時的穿堂風來了又去。

3

前陣子看了一部英劇，名叫《肥瑞的瘋狂日記》，是根據一個廣播員的真人日記改編的。

女主角就屬於那種「不愛自己」的典型。

女主角很胖，自認為很醜，她的性格很孤僻，時常覺得自己多餘，甚至覺得自己該死。

在一次自殺未遂後，她被迫去見了心理醫生，醫生反覆勸告她：「你要試著愛自己。」

女主角質問道：「你每次都說要好好愛自己，就像複讀機器一樣，可是除了說這種好聽話，你到底能不能治好我？」

醫生對她說：「好，那請你閉上眼睛，誠實地回答我的問題。」

女主角閉上了眼睛，醫生問：「請問你討厭自己什麼？」

女主角的情緒瞬間就崩潰了，她哭著說：「我討厭自己又肥又醜，而且總是把事情搞砸。」

醫生又問：「那你回想一下，你到底是從什麼時候開始有這種厭惡感的？」

女主角回答說：「大概是九歲，又或者是十歲。」

醫生說：「看來已經有很長時間了，那請你想像一下，那個十歲的自己就坐在你的面前，現在請你對這個十歲的女孩說：『你好醜，你好胖，你真沒用，你活著只會給別人惹麻煩。』」

女主角想了半天，卻說不出口，她覺得這樣太殘忍了。

醫生卻說：「但實際上，你每天都在對自己做這種殘忍的事情，而且你做了很多年。」

毫不誇張地說，愛自己的人為美化地球做出了傑出貢獻，而不愛自己的人更像是這個星球的沉重負擔。

那麼你呢？

你不關注身體的需求，渴了不去喝水，餓了不去吃東西，睏了不去睡覺；一個人的時候，要麼是不吃飯，要麼是不按時吃飯，再不然就是點外賣和吃零食，怎麼糊弄怎麼來。

然後，熬夜和頭髮你都想要，健康和偷懶你都想有，怎麼可能呢？

你不允許自己犯錯，不允許自己落後，不允許自己失敗，哪怕只是錯了一點點，哪怕只是不得已的小失誤，哪怕是因為別人的疏忽才導致了問題，哪怕只是不完美但已經很好了，你都不允許。

對待別人，你既寬容又善解人意；但對待自己，你卻像是拿著鞭子，時時刻刻都在訓斥和恐嚇自己。

你很少誇獎自己，很少欣賞自己，你看不見自己身上的亮點，而是習慣性地拿自身的缺點和弱勢去跟別人的優點和強項比較，然後一邊瞧不起自己，一邊怪自己沒用。

你的生活中到處都是「可以做但又覺得沒什麼意思的事」、「做不到卻又不得不做的事」，以及「不想做卻又不好意思不做的事」，唯獨沒有你喜歡的事。

人這一輩子，唯一能逆生長的東西就是膽量。

久而久之，你的心越來越冷，直到凍得生硬，外面的熱鬧進不來，裡面的情緒出不去。

所以我的建議是，不要抓著沒用的東西不放，尤其是覺得那個沒用的東西是你自己的時候。所謂世界和平，就是自己跟自己和平。

不要總是怪命運對你滿是惡意，真正的惡人可能是你自己。

既然大家都是來此人間走一遭，不妨對自己用心一點，把這不得不過完的一生變成值得慶賀的一生。

比如，你勤學苦練考上了理想中的大學，你付出真心追到了心儀的那個人，你努力爭取拿到了全額獎學金，你熬夜奮戰寫完了一本構思已久的小說，你認真鑽研在某個遊戲裡成了團隊的主力。

比如，你堅持走完了二十公里的徒步活動，你堅持每天進行五公里的慢跑，你堅持每天背五十個單字，你耐著性子把一本難啃的專業書啃完了。

比如，你每天出門之前都對著鏡子笑一笑，為自己加油打氣，或者堅持每天都化一個精緻的妝，每天都很認真地穿衣打扮。

比如，你每頓飯只吃八分飽，每天寫寫日記和心得，記錄一下一整天發生的喜怒哀樂，包括陌生人好看的微笑、阿貓阿狗們可愛的樣子、樹葉的新綠、噴泉的壯觀……或者在臨睡之前泡個腳，時間到了就關機睡覺，早上醒了就馬上下床。

比如，你會要求自己換一身舒服的衣服和鞋子出門走一走，或者去街角的小攤販買一根雪糕吃，或者選一本雜誌站在樹蔭下消磨半個小時。

比如，你會不時地提醒自己不要沒完沒了地刷朋友圈、微博和短片，而是要遠離虛擬的世界，活在真實的當下。

慢慢你就會明白，愛自己不是空中樓閣，而是需要你親力親為地為自己做點什麼，去為它奠基。

不要懷疑自己倒楣，比起看得見的壞運氣，看不見的好運其實要多得多。

不要感慨「我已經不行了」，只是「還不行」而已。

每個人都有一個精彩的故事在等著他，只不過抵達故事發生的地方，你需要米飯和時間。就好比說，沒有一朵花從一開始就是花。

4

抖音上有個很紅的影片，大意是，有人送了乞丐一朵花，乞丐高高興興地拿回家了。就在他把花放進花瓶的那個瞬間，他覺得髒兮兮的花瓶配不上這朵花，所以就把花瓶洗了。

洗完花瓶又覺得桌子太髒，配不上這麼乾淨的花瓶，於是把桌子擦了。

擦完桌子又覺得房間太亂了，配不上這麼乾淨的桌子，就把房間整理了。

整理完房間，又覺得自己配不上這間屋子，於是刮鬍子、洗頭，從此洗心革面了。

生活年復一年地敷衍你，其實是從你日復一日地敷衍自己開始的。

生活遵循的規則是：你對自己不屑一顧，生活就會對你嗤之以鼻；反之，你將自己視若珍寶，才會被生活奉為上賓。

所以我的建議是，如果你跟自己沒有什麼深仇大恨的話，就請整理一下亂糟糟的桌子和房間，就請遠離那個不思進取的小群體和所謂的朋友，就請忘掉那個讓你失魂落魄的舊人，就請盡快做完那些令你渾身難受的事，做一個真正愛自己的人。

我所理解的「愛自己」，就是在絕大多數情況下，你都站在自己這邊。

就是你知道自己身上有哪些無力改變的弱勢，知道自己手上擁有什麼值錢的優勢；就是明白自己的時間有限，明白自己也很珍貴，所以不會為別人而活，不會被教條所限，不會活在別人的觀念裡。

所以，你不用靠虛張聲勢來為自己壯膽，不需要誰的誇獎來證明自己真的很棒，而是內心坦蕩而且確定：「對，我就是這樣，喜歡我的請繼續，討厭我的別放棄！」

我所理解的「愛自己」，就是你允許自己犯錯，允許很多事情不在自己的掌控之中，允許自己不是無所不能，允許自己不能讓所有人都滿意。

當你開始意識到任何事情都不會十全十美時，你其實已經踏出了愛自己的第一步；當你慢慢發現「被人討厭」也沒什麼關係時，你其實已經嘗到了自由的滋味。

我所理解的「愛自己」，就是不因旁人渾渾噩噩就任由自己自暴自棄，不因別人誤解自己就馬上歇斯底里，不因被人輕視了就放任自流。

就是內心和外表不衝突，就是自己的選擇大部分都是基於「喜不喜歡」和「願不願意」。就好比說，你主動去約一個人，是因為你想見他，而不是因為他很好約；你朝著一個目標努力奮鬥，是因為你甘願如此，而不是因為它很容易完成。

我所理解的「愛自己」，就是慢慢地理解世界，也慢慢地更新自己。

就是哪怕拿到的是一副爛牌，也會耐心地、認真地打出去，而不是憤憤不平地、不情不願地敷衍了事；就是哪怕身在人生的低谷也不失望，哪怕是身處在糟糕的環境中也不允許自己墮落；就是哪怕周圍充斥著喧囂、醜陋、惡俗，你也依然篤定、善良、清白。

如果有趣太難，那就爭取有用；如果快樂太難，那就想哭就哭。

願你往後諸多笑意都是出自真心，願你每次焦頭爛額都被證明是虛驚一場。

願你在被生活弄哭之後還能把自己逗笑，願你在黑夜中獨行時還能被自己照亮。

02

熱愛可抵歲月漫長，它是疲憊生活中的英雄夢想

1

一個登山愛好者會說：「我也怕掉下山崖摔死，但在撞得頭破血流還選擇堅持時，那樣的時光往往伴隨著焦灼、掙扎和恐懼，也正因如此，我平淡無奇的生命才透進了光。」

一個電影人會說：「最喜歡弓著腰站在攝影機後面的感覺，就像一個單純的孩子，不在乎名利，一心想著要把這件事情做完、做好。任憑別人罵或者打，只要讓我做這件事，我就可以破涕為笑。」

一個電競遊戲玩家會說：「孤獨求敗的時候，聽說某個城市有個絕世高手，就想馬上請假，然後坐飛機去找那個人，然後請對方大吃一頓，然後和對方大戰到天亮。」

一位馬拉松愛好者會說：「不要問我是怎麼堅持跑完這四十多公里的，你為什麼要用『堅持』這個詞，而不是『熱愛』？」

一個插畫家會說：「不論是被家裡人圍堵攔截，還是被同齡人冷嘲熱諷，只要拿起畫

筆，我就感覺像是在寫情書給初戀。」

一個吃貨會說：「生活不只是眼前的枸杞，還有廣西的芒果、江西的柳丁，以及新疆的梨。」

生而為人，一定要熱愛點什麼。

2

巷子口有一家花店，綠牆紅瓦，木柵欄門，門上掛著一塊黑板，常年寫著兩行大字：「今生賣花，來世漂亮。」

花店老闆已經八十幾歲了，大家都叫她李婆婆。

李婆婆的精神狀態和她養的花一樣，從來看不出一點疲態。她每天早上四五點就開工了，到晚上八九點才關門。

雖然年紀大了，但李婆婆的心態卻很年輕，她始終覺得自己「只是一個身體有點故障的年輕人」。

李婆婆講起話來，可愛得不像個老太太。

她說讓她難過的事情有三件：一是頭髮沒剩多少了，理髮師卻不幫她打折；二是每頓飯只能吃七分飽，因為要留三分去吃藥；三是不能知道具體哪天會死掉，否則她就可以把存款全都花光。

說完還頓一頓，然後再補一句：「最近又多了一件，前陣子去拍了遺照，結果我那混蛋兒子不讓我用，非說我笑過頭了。」

聽的人哈哈笑，然後問她：「您都八十幾歲了，怎麼還像個小孩子？」她就會很認真地糾正：「我才不是八十歲，我是第四次二十歲！」

除了打理花店，李婆婆最大的愛好就是拉小提琴，不管酷暑還是嚴冬，她每天都會在花店門前的梧桐樹下認真地拉上幾首。

有路過的人拍照，她就會停下來，並調皮地提醒對方：「如果你要發到網路上，請不要修掉我的魚尾紋。」

我一直以為，這個可愛的老太太是個養尊處優的幸運兒，她養花不過就是老來無事才做的消遣，而拉琴不過是兒時常做的家庭作業而已。

直到有一天，我聽說了她的過往，就慚愧得想找來針線把自己的嘴巴縫上。

實際上，她的出身很苦。十幾歲時被父母強逼著嫁給一個愛酗酒的男人，三十幾歲時被婆家趕出家門，不得已，她只能靠賣花養活自己。

這些年來，不論是陪伴多年的貓咪慘遭車禍，還是苦心經營的花店被流氓打砸……她都體面地挺了過來。

每逢情緒瀕臨崩潰的時候，她就去花圃裡忙一個下午，或者認真地拉幾個小時的琴。她說：「人生確實有很多無藥可救的痛苦，但好在生活也貼心地準備了很多種止痛藥。養花和拉琴就是我的止痛藥。」

是的，對這個世界絕望是輕而易舉的，對這個世界摯愛是舉步維艱的。但總有那麼極少數人具備這樣的超能力，能在這個混蛋的人間找到一個絕妙的容身之處。在這裡，沒有誰能夠否定他，沒有什麼事情能夠打擊他。

喜歡的事情可能賺不了多少錢，治不了什麼病，也趕不走壞人和霉運，但只有自己知道，它曾在無數個搖搖欲墜的人生節點上默默地拯救過自己。

喜歡的事情不能讓你避免苦難，也無法助你脫離平庸，更無法將你的人生變成坦途，但它的魔力是：當苦難發生時，它會讓你相信自己還有還手之力；當迷惘出現時，它能把你灰濛濛的生活點亮。

那麼你呢？

你一日三餐不是泡麵就是外賣，然後不解地問：「八塊人民幣就可以買一塊草莓蛋糕，我為什麼要買烤箱、買草莓、買麵粉、買奶油、買一大堆做蛋糕的東西，為什麼要那麼麻煩？」

你出門就搭乘交通工具，然後不理解那些慢跑的人：「一兩個小時的車程，為什麼要把它變成一整天的路程？」

你登山就坐纜車，然後嘲笑那些拚命登頂的人：「比你們晚出發，卻能比你們早到。」

總的來說就是，平時這也不愛弄，那也嫌麻煩，等到要面試、要相親了，你就大言不慚地說自己「興趣廣泛」。

等到回憶自己的前半生，發現沒有值得一提的回憶，你就一聲長嘆道：「人間不好玩，活著沒意思。」

其實，不是人間不好玩，是你不好玩；不是生活沒意思，是打不起精神的你沒意思。

一個人老了的標誌，不是臉上長滿皺紋，不是滿頭白髮，不是步履蹣跚，而是你不熱愛生活了，敷衍了事地過每一天，邋裡邋遢地對待每一個人；是你認定自己什麼都做不了了，不敢再對未來抱有一絲一毫的希望，不敢再對生活提半點要求。

3

好玩的人其實很多，比如玲子小姐。

幾個人一起去買飲料，輪到她的時候，老闆說賣完了，她居然興奮地喊：「我最近肯定是要走大運了！機率這麼低的事情都能被我碰到！哈哈，你們快點討好我吧！」

出門旅行，她在機場等了三個小時才被告知航班因天氣原因取消了，別的乘客都是火冒三丈的，她卻輕輕地拍著胸脯說：「是好事，是好事，說不定原本我會遇到什麼不好的事情，因為航班取消了，不好的事情也就被躲過去了。」

早上搭計程車去上班，車卻在半路上壞了，她竟然興奮地說：「終於可以嘗試一下騎公共腳踏車到公司是什麼感覺了。」

有人問她：「你就沒有什麼抓狂的事？」

她說：「怎麼可能沒有？我原本每天大概也要說上一百遍『我太難了』，但我轉念一想，其實生活對我還算不錯，喜歡的東西買得起，想吃的東西吃得到，想見的人也約得著，遇到的大多數問題都搞得定，我怎麼還好意思再跟生活抱怨什麼？」

她每天都會發非常文藝的朋友圈，或是天空，或是雲朵，或是食物，或是詩歌，或是地上的樹葉、積水、蝸牛，又或者是街頭的車流、電線和阿貓阿狗。

有人問她：「你就不怕酸民說你是裝文藝嗎？」

她笑呵呵地說：「好玩的、好吃的、好看的東西那麼多，我哪顧得上別人說了什麼？」

有錢又有閒的時候，她就會出趟遠門。自己做規劃，自己安排行程。到了目的地，她就向當地人打聽他們愛去的地方、愛吃的東西。

她可以在一個陌生城市的小咖啡館裡待上一個下午，也可以在無名的沙灘上閒逛一整天。她絕不允許自己有「來都來了」的心態，即使是到了某個熱門景點門口，如果她發現這裡不合自己的胃口，也會掉頭離開。

在她看來，再有人氣的地方，如果打動不了自己，那它就跟自己沒關係。

沒錢或者沒閒的時候，她也不停歇。周邊哪裡有山有水，她就花一兩個小時開車去轉轉。如果覺得沒什麼意思，她可以車都不停地折返。

她的桌曆上寫滿了待辦事項，比如幾月有流星雨、幾月有演唱會、幾月有電影大片。她的腦子裡還有許多的「突發」事件，比如臨時想吃什麼，三更半夜也要出去吃一口；比如突然想見什麼人，翻山越嶺也要去見一面。

世界在她的眼裡就像一場盛宴，所以不管她今天遇到什麼、經歷了什麼，她都覺得自己賺到了。

這個世界沒有世外，也沒有桃源，當一個人對生活懷有足夠的熱愛時，他實際上就找

到了通往快樂星球的祕密通道。

那麼你呢？

你這輩子認真地愛過誰？之所以結婚，是不是怕死的時候沒有人陪？

你這輩子為了什麼而拚命過？做什麼是不是都要再三權衡值不值得？

你這輩子反抗過什麼？是不是活得就像一顆散黃的蛋？

時間飛速地流逝，你是不是幾乎想不起任何能讓自己激動的人和事了？

除了快遞員、送餐員和體檢報告，其他的人和事，你是不是連頭都懶得抬一下？

我只是替你擔心，怕你的生活中堆滿了「可以做但又覺得沒什麼意思的事」和「做不到卻又不得不做的事」，唯獨沒有你真正喜歡的事。

我只是替你擔心，怕你費盡心思地想把生活過得風生水起，而生活也在費盡心機地想把你整得跪地不起。

4

想起一個男生寫給我的一封長信，大意是說，他也想熱愛生活，但是做不到。

他羨慕別人英語口語說得好，知道別人是每天早上六點起床大聲朗讀，於是他也六點起床了，但堅持了不到一個星期；他羨慕別人有六塊腹肌，看起來超酷，知道別人每天都堅持跑八公里，外加三組伏地挺身，以及各種重量訓練，於是他也試了，但第二天就受不了了；他羨慕別人拍出了好看的照片，知道別人經常通宵在荒郊野嶺拍星空，於是他也去了荒郊野嶺，但熬到凌晨三點就睡著了……

他說他也想熱愛生活，但是熱愛不起來，他連發了十幾個「我該怎麼辦啊」。

我反問道：「你是愛這些事情呢，還是愛它們帶來的好處？如果這些事不能為你擴展人脈，不能給你好形象，不能讓你看上去與眾不同，你還會愛它們嗎？」

真正的熱愛，是不給錢，你也願意去做的事；是不用別人督促，你也停不下來的事；是不覺得痛苦，也不覺得枯燥的事；是不想拖延，也絕不放棄的事；是不管投入多少時間精力，你都不覺得是在熬的事。

任何一件事情，只要心甘情願就會變得簡單。

我所理解的「熱愛」，就是想方設法地尋找被生活藏起來的糖果。

比如去吃最喜歡的火鍋，看偶像的演唱會，去滑雪、拍照，去買可愛的衣服和鞋子。又或者是，去陽臺上感受陽光的溫度，去為窗臺上的盆栽澆澆水，去追一集剛剛更新的劇，去找一個老友閒聊半天……

你必須在平凡的生活中保持討好自己的能力，你必須培養一些私人的愛好，你必須學會累積一些微小的快樂，如此一來，你就不會被遙不可及的夢想和無法掌控的生活打趴。

我所理解的「熱愛」，就是欣賞自己，就是做一個對自己有用的人。

你可以化妝，也可以素顏。化妝的動力不是因為對長相不滿，而是因為喜歡那個神采奕奕的自己；素顏也不是因為懶，而是對自己真實的樣子很滿意。

你可以用名牌，也可以穿著隨便。用名牌不是為了掩飾自己的窘迫，而是發自內心地覺得喜歡；隨便穿也不是因為窮，而是因為那樣很舒服。

如果煩人的老闆對你發火了，你就出門去吃頓好的；如果喜歡的鞋子被搶光了，你就去隔壁的玩具店挑一個可愛的擺飾；如果中意的人離開了，你就好好鍛鍊、努力賺錢。

你知道無數種方法哄自己開心，也知道有無數條路可以通往明天。

我所理解的「熱愛」，就是竭盡全力之後，允許自己顆粒無收。

哪怕別人阻撓、制止，你也都堅持下來了。不管最終有沒有收穫，你都覺得「非常滿足」。因為那是你喜歡做的事情，因為那裡有你想要的結果，所以你願意冒著失敗、冒著吃力不討好、冒著好心當作驢肝肺的風險去為它努力。

這裡的「它」，可能是一個人，可能是一本書，可能是一條魚、一塊石頭，這個「它」是你偶爾逃離現實的梯子，是你的靈魂躲避衝擊的避難所，是你可以卸下防備和偽裝的人生後花園。

因為「它」的存在，你能接受這個世界不是十全十美的。

注定不能萬事如意的人生，我就不祝你一帆風順了，我祝你乘風破浪！

5

哦，對了。如果你實在不知道該做點什麼，那就用心地記錄生活吧——大到聽說了什麼國家大事、焦點新聞，小到今天穿了什麼顏色的襪子，遇見了什麼品種的狗。

因為僅憑你這個「過目就忘」的腦袋，你會發現過去的一年什麼都沒有發生，就好像自己是從一場昏睡中醒來。

而記錄的好處就在於，它會讓你的生命具體起來，你就會覺得，自己過的不是一年，而是過了充滿細枝末節的三百六十五個「一天」。

03 你要快樂，不必正常

1

前陣子，木姑娘要準備一個資格考試，看書、做題目熬到半夜是常有的事。然而她家樓下有幾個熊孩子，晚上十一二點了還喜歡大喊大叫，更過分的是，看見她家的燈是亮的，就朝她的窗戶扔石頭。

木姑娘先是開窗警告了兩句，這幫熊孩子不但沒有安靜下來，反倒是肆無忌憚地對她飆起了髒話，石頭也扔得更起勁了。

於是，木姑娘直接將一盆水潑了下去……

世界僅僅安靜了三分鐘，隨後出現了幾個大人，指著她繼續罵。

於是，她潑了第二盆。

這麼做的後果主要有三個：一、她被老爸老媽連吼帶罵地架著去賠罪道歉了；二、那幫熊孩子再也不敢在晚上隨便造次了；三、左鄰右舍都發了表達感謝的短訊給她，感激她

「除暴安良」的「壯舉」。

她跟我講的時候，還特地問我：「怎麼樣，我棒不棒？」

我回覆道：「扇貝聽了都想為你鼓掌。」

然後我又追問了一句：「怎麼這麼大的脾氣？」

她咯咯地笑：「乖了太長時間，想做幾天王八蛋。」

但實際上，她才不是「做幾天王八蛋」，而是「一直都挺王八蛋」的。

有個非常討人厭的部門主管點名批評她，要她上班時間不許談戀愛，結果她當眾回應：「你不允許我在辦公室裡談戀愛，那我出了辦公室，你是不是就不跟我談工作了？」

有個總喜歡到處指點人生的老太太當著她媽媽的面勸她早點結婚，結果她回嘴道：「如果到了結婚的年齡就該結婚，那是不是活到平均壽命就該去死？」

有個態度非常不好的女生要求換個座位，理由是「想和男朋友坐在一起」。結果她回應道：「不好意思，我也想和你的男朋友坐在一起。」

有個遠房親戚聽說她連毛衣都不會織，就對她說：「連這個都不會，還大學生呢？」她回嘴道：「你那麼厲害，怎麼就沒考上大學呢？」

有個口碑不太好、總喜歡跟女生玩曖昧的男生對她說：「女孩子那麼拚命幹什麼？」她一臉平靜地回應道：「為了能離像你這樣的人遠一點。」

有個愛講大道理的大叔對她說：「你就聽我的吧，我吃過的鹽比你吃過的飯都多。」

她嗆聲道：「我一頓飯能吃兩碗米，你吃兩碗鹽給我看看？」

有個不會講話的大嬸對她說：「半年不見，你又胖了。」她點點頭說：「彼此彼此，半年不見，你又老了。」

自由的成分當中，一定包含了「你看不慣我，那你討厭我好了」這種痞子氣。

那麼你呢？

你從一開始就認定了「別人的喜歡比自己的喜歡更重要」。所以你不斷地放低姿態，努力地讓別人能夠喜歡自己，至少不討厭自己。

你越來越低調，也越來越好欺負；你會因為別人的一句責怪而惶恐好久，也會因為別人的一句讚美而原諒他之前的「造次」。

你擔心自己是個異類，擔心自己會出糗，擔心自己的言行舉止是個笑話。

於是，你的腦子裡經常出現的問題是：「我三十歲不結婚，別人會覺得我是怪胎吧」、「我長得這麼醜，他們一定很嫌棄我」、「如果不參加這個聚會，他們會煩我吧」……

你開會之前早就做了充足的準備，結果旁人一句模稜兩可的評語，一個閃躲的眼神，你就慌了；你花錢買了一件自己超喜歡的衣服，如果某人的評語不太好，那你就永遠不會把它穿出門去。

別人說「年紀大了別折騰」，你就向生活妥協了，將曾經的夢想束之高閣；別人說「我這都是為你好」，你就向人情妥協了，心裡的想法也不敢再提。

我猜你可能誤會了什麼，嘴雖然長在別人身上，但路在你自己腳下。

人生很長，江湖很大，劇情很雜，只要自己能不負此生，能活得盡興，這就夠了，你從來都不欠誰一個解釋。

最好的態度是，面對風涼話時，不理；面對恭維時，不信；面對不理解時，不急；面對嘲諷時，不氣。

然後，去做自己想做的事情，最好是甘之如飴的那種；去見自己想見的人，最好是相處不累的那種；去遠離那些總是給自己添亂的人，最好是老死不相往來的那種。

來，勇敢地對某些人說：「管好你自己吧，不要想方設法地磨平我的稜角了，畢竟，你沒有營業執照。」

2

蘇珊是我認識的人裡面笑點最低的，常常是聽的人還沒開始笑，她就笑出了豬叫聲。

她愛笑，也愛說笑。

有人問她最喜歡什麼顏色，答曰：「酸辣粉。」

有人問她是哪裡人，答曰：「單身狗自然保護區。」

她的心態出奇地好。

知道自己長相平平，還有一點胖，所以她一直宣稱：「美醜有命，胖瘦在天。」時不時還會自嘲一番：「大概是女媧娘娘用泥土造我的時候，土用多了。」

假如某段時間過得不順利，她就會頻繁地逛超市。用她的話說就是：「逛超市是最容易快樂的，因為到處都是好消息，上午是優酪乳大促銷，中午是榴槤打折，晚上是櫻桃特價……」

就算是遇見了讓人惱火的事情，她的對策也很奏效——馬上去做一件「相反的事」。

比如錢包被小偷偷了，她就會去捐一筆錢；有人想要插隊，她就客氣地讓下一個想插隊的人也插進來；有人心情不好對她發火了，她就會對另一個人更友善一些；上司對她的工作不滿意，她就盡量給下屬的工作打個高分……

她活得很通透。

有親戚曾催她：「你看那個誰，孤獨終老多可憐？你不能再這麼任性了，再拖下去，你也剩下來了！」

結果她笑嘻嘻地回應：「嘿嘿，珠寶店到了下班時間就會關門，不會急著打折，因為珠寶不會壞掉。但水果攤到了晚上就馬上低價促銷，因為放到明天就會爛掉。那個誰顯然就是珠寶啊，她哪裡可憐了？」

她活得也很瀟灑。

她曾不顧老闆的挽留，放棄了待遇優渥的工作，而原因僅僅是因為想去山城裡體驗「晨興理荒穢，帶月荷鋤歸」的歸隱生活。

也曾親自終結了一段長達八年的愛情長跑，理由是因為「等他長大等累了」。

還曾在「怕水」、「不會游泳」、「恐懼深海」的情況下，艱難地拿到了潛水證書。

原來，快樂的人都在構建自己的內在世界，而不快樂的人只會責怪他們的外在世界。

我知道，你覺得自己活得身不由己。在童年的時候，限制你自由的是那句「你還是個孩子」；長大之後，限制你自由的變成了那句「你已經是個大人了」。

我知道，你沒有很樂觀，只是因為有太多人希望你快樂，所以在他們面前，你只能裝作很開心的樣子。

我知道，你的身體裡有兩種力量在互毆：一個想著「讓我自己待一下」，一個想著「要合群啊」；又或者是，一個垂頭喪氣想要遠離是非，一個握緊拳頭說「不要變成異類」。

結果是，你越活越符合別人的期待，也越活越不快樂。

不愛自己的方式有很多種，其中最常見的是，完全遵照別人的看法去生活；愛自己的方式也有很多種，其中最管用的是，以自己喜歡的方式過一生。

一開始，你站在人群之外，看著別人委曲求全，你心裡還替他抱不平：「人怎麼能活成這樣，也太窩囊了吧。」但後來，你也鑽進了人群之中，也變成了「太窩囊了吧」的那種人。

你總是提醒自己有哪些事情是自己「該做的」和「能做的」，卻很少去想哪些事情是自己「想做的」和「可以試試的」。

你的心態越來越糟糕，從風華正盛時覺得「自己早晚會遇見一個眼裡都是我的人」，慢慢變成了「像我這樣的人，難怪沒有人喜歡」。

你的每一段感情都是要求自己懂事和體面，在一次次受傷和被辜負之後，又近乎變態地逼著自己落落大方地放手。

你的自信一點點消磨殆盡，取而代之的是對自我的懷疑；你的快樂少得可憐，對未來的恐懼源源不絕。

我的建議是：你不必把臉或者腿PS得那麼瘦，先對著鏡頭真誠地笑一笑；你不必每場婚禮都趕到現場，先把你的泡麵換成健康的正餐；你不必每個人借錢都竭盡全力，先報名自己想報的興趣班。

做你喜歡的事，做你覺得對的事，做你覺得值得的事，就算這些事情在別人看來是

「傻」，就算你當時看起來是「壞」，就算你被人說成是「神經病」，但只有你知道，這些事正是你自信的基石和快樂的泉源，足以對抗生活的「不爽」，成為你的「暗爽」。

我所理解的「自信」，不僅是隨時隨地都覺得「我還行」和「我能行」，還包括竭盡全力之後坦然地承認「我不行」，以及面對討厭的人能夠大大方方地說「我不想行」。

我所理解的「快樂」，就是心臟裡像是灌滿了可樂，被什麼東西碰了一下，然後晃了一晃；就是走在路上，會覺得這個世界沒有一絲一毫的惡意；就是別人見到你，覺得你肯定有什麼好事。

人活在世上，在不侵犯別人利益的前提下，首先應該考慮「我想做什麼」和「我想要什麼」，然後再考慮這件事對他人的影響，最終決定要不要做出妥協，以及妥協多少。

凡事都從自己的感受出發，你的生活就會很帶勁。

一輩子很長，如果不快樂，那就更長了。

3

說到「快樂」，就不得不提鬼才畫家黃永玉。

他十二歲就外出謀生，三十二歲享譽國內外，五十歲拿到駕照，七十歲去歐洲遊學寫生，八十歲登上了時尚雜誌的封面，九十三歲開著紅色法拉利去飆車……

他喜歡養狗，家裡有好幾隻，每次狗狗出去和別的狗打架，他就會去幫忙，他自己也承認自己「護短」。

被批鬥的時候，他沒少挨揍，但始終不喊疼。回到家了，就笑嘻嘻地告訴太太：「今天挨了兩百二十四下。」後來下放到農村，沉悶的勞動之餘，他就去抓蟋蟀，挖個坑看蟋蟀打架。

八十幾歲時榮登時尚雜誌的封面，拍完回家還跟太太炫耀：「怎麼樣，是個帥哥吧，哇，我也太好看了吧。」

年過九旬還喜歡紅色衣服，他的生死觀也很「調皮」：「我想在死前就開追悼會，找個躺椅躺在中間，趁自己沒死，聽聽大家怎麼誇我。」

他的一生詮釋了一句話：人不能靠心情活著，而是靠心態活著。

就像他宣揚的那樣：「明確地愛，直接地厭惡，真誠地喜歡，坦蕩地站在太陽下，大聲無愧地稱讚自己。」

一輩子很長，每天就像一個盒玩，你不知道自己會抽中什麼，但是你必須接受這個遊戲規則。然後，不管抽中的是自己期待的還是不喜歡的，都把它當作禮物一樣欣然接受。

如此一來，你就能本色演出生活這部連續劇，而不必猜測「別人喜歡什麼」，也不必操心「我該怎樣才能讓別人喜歡」。

搞好自己的生活吧，不要老是忙著告訴別人你在幹嘛。

如果你為了討喜而為自己套上一個固定的人設，為了讓別人滿意而任由別人為自己貼上標籤，為了顯得正常而丟掉快樂，那後果就是你會越活越虛偽，越活越疲倦。

當你被定義為「脾氣好」的時候，那麼你偶爾想發火就會倍感壓力；當你被評價為「幽默」的時候，那麼不小心表現出悲傷就會變成一種罪過；當你背上了「可愛」的名聲時，那麼你一本正經起來就像是裝模作樣。

所以，希望你活得灑脫一點，希望你可以不用過多地受困於他人的意見，希望你能夠心無旁騖地把熱情和定力用在能讓自己開心的事情上。

畢竟，你活著不是為了證明哪種活法是對的，而是要在有限的生命裡，盡可能地快樂一些。這是你的一生，要活成什麼樣子都由你自己說了算。

畢竟，遵從自己的意願活得頭破血流，也好過虛張聲勢地變成行屍走肉。

要永遠記得，外界的聲音只是參考，你不開心，就不參考。

04 人生何必如初見，但求相看兩不厭

1

和娟子一起吃飯，聊著聊著就聊到了蘭西。娟子的臉色瞬間就變了，就像是剛剛提出離職，就聽到老闆提加薪。

她說她們已經很久沒聯絡了。大年三十的晚上，娟子曾敲了三四百字的新年祝福發給蘭西。結果直到大年初六，蘭西才回微信給娟子，點開一看，居然是一條砍價的連結。

聽得出來，娟子很失望，但更多的是遺憾。因為她們在大學的時候幾乎是形影不離的好朋友。

如果有人在圖書館只看見了蘭西，就一定會問一句：「娟子呢？」

如果蘭西的父母聯絡不到她，就會自然而然地打電話給娟子。

娟子有了喜歡的人，蘭西就幫娟子策劃「偶遇」，並且「刺探軍情」，甚至就連男生國中隔壁座位的女同學長什麼樣子都一清二楚。

蘭西失戀的時候，娟子比蘭西還要生氣，甚至跑去質問那個男生：「你憑什麼說好聚好散啊，她動心一次容易嗎？」

她們忙時一起自習、背書、備考，閒時一起散步、八卦、追劇。她們隨時隨地都能聊得很嗨，可以肆無忌憚地開玩笑或者流眼淚，她們是彼此的底氣，就像家人一樣，是不可動搖的存在。

娟子講了一件好玩的事情，講的時候眼睛在發光。她說她們一起看宮鬥劇，娟子問蘭西：「你覺得，以我的智商，究竟能在皇宮裡活幾集？」

結果蘭西回答道：「就你這身材和醜臉，還想進宮啊？」

講完了娟子自己先「咯咯」地笑出聲來，但笑完之後，她眼睛裡的光和臉上的笑容就一起消退了。

我問她：「後來發生了什麼事？」

娟子愣了一下，然後很認真地說：「其實我也不是很確定。」

她說她們最後一次聯絡是去年七月的事情了。蘭西在微信裡問娟子：「老同學，你還在北京嗎？」

娟子欣喜若狂，以為對方又想起自己了，於是她編輯了一大段話，說自己有多想她。

結果蘭西發來的第二句話卻是：「我需要找個人幫我送一份資料去學校。」

娟子的心一下子就涼透了，她刪了所有的文字，然後冷冷地回了一句：「我不在北京。」

然後就再也沒有然後了。

越長大就越明白，保持聯絡是一件難度為五顆星的事情。

你是不是也有過這樣的舊日摯友？曾經如膠似漆，後來卻無從談起。

或許是，因為某件事，你一絲不苟，他不夠意思。

或許是，你看見對方的朋友圈曬出了新面孔，而他們看起來比你們在一起時更快樂。

或許是，你解釋一大堆他又看不見，你說了一大堆他又幫不上忙。與其拿幾年前的美好時光來映襯當前的沮喪，不如和身邊的某某推杯換盞，一醉方休。

又或許是，你在路上看見了熟悉的身影或者在某個瞬間想到他了，以前會直接打電話聊到手機自動關機，現在只能點開他的朋友圈了解他的近況，甚至有可能看到的只有一條橫線。

有幾次是，你想開口解釋的時候，卻發現對方並不是很想聽；還有幾次是，他滿懷熱情找到你了，卻發現你心不在焉。

有幾次是，你向他吐露心聲，而他的回應顯得有些敷衍了事；還有幾次是，他向你傾訴衷腸，而你卻表現得無暇顧及。

然後你覺得「老子受夠了」，而他覺得「真是沒意思」，於是你們各懷心事，各退一步，直到退出了對方的人生。

這段關係是你們合夥搞砸的，誰都難辭其咎！

其實，每個人的腦子裡都有雷達，我在不在你的世界裡，大家都心知肚明。

2

看過一篇特別好玩的漫畫。

A蛋和B蛋是好朋友，他們一起沐浴陽光，一起暢想未來，他們無話不說，並且相信永遠。

三個月後的一天，他們破殼而出，A蛋是隻小鱷魚，B蛋是隻小花雀。他們依然相信永遠。

只是在晚飯吃什麼的問題上，小鱷魚拒絕了小花雀送來的大肉蟲子。

在玩耍該玩什麼的問題上，小花雀拒絕了小鱷魚提出的游泳邀請。

他們越來越沒有共同語言了，所以他們不得不就此告別。

小花雀祝小鱷魚「永遠乘風破浪」，小鱷魚祝小花雀「永遠晴空萬里」。

友情最讓人唏噓的是：每個人都是一條河流，每條河都有它自己的方向。

你們曾是對方的特別關注，曾是彼此置頂的生活中心，曾在各自的未來裡為對方預留了重要的位置，但你們還是漸行漸遠了，甚至沒有告別，沒有翻臉，沒有交惡，就是不知不覺地、毫無徵兆地疏遠了。

原來，一段關係的破裂其實不是因為誰做錯了什麼，可能只是因為彼此已經不需要對方了。

原來，斷絕往來是不需要儀式感的，不會有長亭古道做背景，也沒有「勸君更盡一杯酒」之類的旁白，可能就是在一個稀鬆平常的早上，你一睜開眼睛，某個人就永遠地留在了昨天。

這時候，你才後知後覺地發現：和某個人的「上次見面」，很有可能是這一生的最後一面。

友情是階段性的，到了分岔口，再不捨得，也要揮手告別。

然後，你要在同路人中尋找新朋友，而不是硬拖著舊朋友一起上路。

犯不著千辛萬苦地守「舊」，也別介意隔三差五就換新，衣服或者朋友，都是如此。

過年過節時互相傳一句「恭喜發財」，總好過兩個人口不對心地尬聊「友誼萬歲」。

3

復旦大學的熊易寒教授講過一個故事，大意是，他和他的同桌兄弟在同一年離開了農村，他進入了大學，而同桌兄弟去了南方的工廠裡打工。

一開始，他們的聯絡很頻繁。他向同桌講述學校裡發生的好玩事情，而同桌向他傾訴工廠裡的辛酸日子。

但是，僅僅維繫了一年時間，他們的聯絡就變得越來越少，直至完全失去聯絡。

十年後的一天，他們在老家的街頭偶遇了。此時的他已經成了大學教授，而同桌兄弟則是拖家帶口地在南方某市打工。

他們激動地寒暄著，但多數都是熊教授在提問，問對方的近況和過往，而同桌兄弟最關心的是教授一個月能賺多少錢。

要分開的時候，同桌兄弟留了一個手機號碼給熊教授，但熊教授後來才發現那是個空號。至此，一段兄弟情誼結束了。

熊教授無比唏噓地說：「命運讓我們看起來如此不同，而我知道，我們曾經多麼相似。」

殘酷的現實就是這樣，朋友不一定會止於距離，但一定會止於差距。

他有錦繡前程，你無一臂之力。

你的苦悶，他覺得是無病呻吟；他的彷徨，你覺得是變相炫耀。

你覺得做個賢妻良母才是人生的第一要義，而他覺得在職場上混出名堂才是人生的追求。

你考慮的只是要不要再考個證照，然後每年可以多賺幾千塊人民幣，而他考慮的是回國在清華讀個金融研究生，還是去劍橋學習如何做投資。

那你們還怎麼交換見識？還怎麼交流感情？還怎麼再續情誼？

你們注定了會各赴各的前程，然後越來越難找到共同的話題，你們只能靠敘舊來維繫情誼，直到過去的點點滴滴被反覆咀嚼，像是嚼了半天的口香糖一樣寡淡無味了，最終聊不下去了。

但你們會礙於情面，又或者是擔心被指責「瞧不起人」，所以你們只能在朋友圈裡互相按讚，以此避免被對方澈底遺忘。

所以，你真的不必揪心於怎麼留住舊日朋友，倒不如認真地想一想：怎麼縮小和他的差距。

怕就怕，你在某天拿到了他的新手機號碼，但你已經不是你了，他也不是他了。

拜倫曾寫道：「事隔經年再見你，我將以何來賀你？以眼淚，還是以沉默？」

那麼朋友呢？步步高升的他事隔經年再見到原地踏步的你，他該如何向他的同伴介紹你？是尬笑，還是無視？

其實，漸行漸遠的不是你們生活的距離，而是你們的見識和實力。

4

在一個訪談節目中，A問B：「你覺得和朋友距離最遙遠是什麼時候？」

B答：「當我看到她穿的是我沒見過的衣服，陪她玩的是我不認識的人，在沒有我的地方拍照，做著我不知道的事情。」

A搖搖頭說：「最遙遠的距離是，她周圍的人我都認識，但是我卻不知道她們在一起做了什麼。」

友情最讓人尷尬的是，每一次你都高估了自己在對方心目中的位置。

某一天，你夢見他了，早上起來就興沖沖地告訴他，結果他不鹹不淡地回了一句：「哦，是嗎？」你肯定就再也不想聊下去了。

某一次，你找了無數的話題，問了無數的問題，但最終都敗給了沒完沒了的「哦」和「嗯」，你肯定就不想再了解更多了。

一開始，你把對方當成值得深交的人，後來因為一些事，你對他有些微的失望，於是，你不斷說服自己：「人與人之間本就如此。」

然後，你把他放回到普通朋友的位置，與他維持著表面的和平，你為此期待、失望又歸於平靜，這一系列的心理變化，他卻全然不知。

原來付出真的會有回報，比如一倍的奢望總能換來兩倍的失望。

人們總盼著「一見如故，再見如初」，但更常見的卻是「一見如故，再見如仇」。

你們笑著說下次再見，但誰都沒說時間地點；你們推杯換盞，卻沒有推心置腹；你們通訊錄上的朋友都很多，但其實誰都沒有深交過。

室友也好，同事也罷，你們熟歸熟，但不一定算是朋友。

朋友會關心你最近身體為什麼這麼差，而同事只會關心你最近為什麼總請假。

朋友會在你說了一堆廢話之後，接著問你沒說出口的部分，而室友會在你說了一堆話之後，停頓一下再反問你：「啊，你剛剛說了什麼？」

我只是替你擔心，怕某年某月某日，你只想和他敘敘舊，而他卻問你需不需要代購。

怕那些掃一下就進入你朋友圈的人，等到某天你點開他的對話框時，竟不知道是該說「你好」，還是該問「你是誰」。

5

繼續交往需要兩個人都覺得「我需要你」，但決裂只需要有一個人覺得「算了吧」。

結成親密的關係需要無數次的「我覺得你這個人真好呀」，但散夥只需要某一次的「你這人到底怎麼回事啊」。

關於友情，其實最好的心態是：無目的、不攀附、沒比較、不審判。

那麼你呢？

朋友發來的微信，你回覆得越來越晚了；事前約好的聚會，你反悔得越來越頻繁了；對待朋友的要求，你是越提越離譜了。而誰要是想見你一面，比搖號買車[1]還難。

那結果自然是，你有時間約他的時候，卻發現他沒空了；你準備好紅包的時候，卻發現他唯獨沒有發請帖給你。

漸漸地，你越活越酷，朋友丟了一路。

你記不住他幫你帶過幾次飯，但你記住了他有一次不想帶飯。

你記不住他遷就了你多少回，但你記住了他有一回不肯妥協。

你不清楚他為了陪你逛街拒絕了多少人、耽誤了多少事，但你記住了他有一次拒絕陪

1 編注：中國為了因應某些地區交通堵塞而施行的限購汽車制度。

你逛街。

人性就是這樣，總是記不住別人為自己做了什麼，但總能記得別人沒有為自己做什麼。就像人們很少去譴責尚未傷害到自己的惡魔，但常常指責偶爾讓他們失望的天使。

你每次都強調自己為他花了多少心思，卻忘了他對你常常是不遺餘力。

你每次都說自己對誰都不示弱，唯獨對他是一讓再讓，卻忽略了他對誰都沒有耐心，唯獨對你是一忍再忍。

你每次都在可憐自己對他的慷慨，說自己每次遲到都會絞盡腦汁地想藉口，怕對方誤會自己，卻從來沒有意識到，他為了你從來都沒有遲到過。

人性就是這樣，總能牢記自己付出了什麼，卻常常忽略自己得到了什麼。所以人們總喜歡扮演法官，判別人肯定有錯，判自己心安理得。

你不習慣溝通，也不善於表達，而是更喜歡揣測。今天肯定，明天否定，此時想著「他可能有他的難處」，彼時則會很憤怒，「哼，忘恩負義的傢伙」。

反反覆覆之後，你變得敏感而又不堪一擊，變得偏執而又鐵石心腸。任何旁人的指手畫腳都像是一場災難，任何臨時的變化都像是一場浩劫。

而時間的殘酷就體現在：你想晚一點再說再見，結果第二天就天各一方了；你想找個機會說感謝，結果好幾年就過去了；最後等你反應過來的時候，恐怕他們就不在了。

真正的朋友，就是在翻照片的時候找到一張你的醜照，然後就像發現了新大陸一樣，興高采烈地傳給你，還打死不刪。

就是雙方早已意識到了對方身上有自己討厭的地方，也慢慢意識到彼此之間是存在矛盾的，但同時都很清楚，這些討厭和矛盾並不要緊。

就是不去追求什麼靈魂的高度契合，而是能夠自在地相處，不必小心翼翼，不必四處提防，聊天時有講不完的話，同時也能默契地享受片刻的沉默。你不會因為他沒有回覆而胡亂猜忌，他也不必因為沒有及時回覆而感到抱歉。

就是每次見面都有一種回到主場的感覺，不管旁人如何在你面前說他的壞話，都不會改變他在你心中的形象或者位置；同樣，關於你的任何流言和詆毀，在他親自證實之前，他都會一如既往地站在你這邊。

真正的好朋友就是：如果你能欣賞我的奇怪，那麼你就和我一樣可愛。

6

最後，我再提四個你愛聽不聽的建議：

第一，任何你不想讓敵人知道的事情，都不要告訴你的朋友。不是因為擔心朋友會背叛你，而是因為有些敵人會扮成朋友。

第二，想法可以交換，但不去強加。己所不欲的，不要施給對方；己所欲的，對方同意了，才能施。

第三，在互道晚安之後，如果看見朋友發了新動態或者還在和別人繼續互動，要有不去質問的默契。

第四，也是最重要的，如果有一天，你們真的鬧翻了，絕不能加油添醋地在任何人面前說對方的壞話，就算做不了朋友，你還得做人。

05

努力是會上癮的，尤其是嘗到甜頭以後

1

勝男每一個社交軟體的簽名檔用的都是同一句話：「趁年輕，埋頭苦幹；免他日，仰慕求人。」

作為遠近聞名的女學霸，她的試卷給我的印象就像她穿的NIKE鞋，每道題都有一個勾。

我曾問過她：「你念書有什麼訣竅嗎？」

她說：「如果勤做題目算訣竅，那麼我的訣竅就是沒完沒了地做題目。」說著就指向立在牆角的大木櫃子說：「那個櫃子裡都是我高三做完的練習題。」

我托著快要掉到地上的下巴問：「全都是啊？你不累嗎？」

她習慣性地推了一下眼鏡，然後說：「反正我覺得開足馬力的感覺特別好，很踏實，就像在賺錢。真正讓我覺得累的反倒是閒下來。高三那年，我最累的三天是，陪媽媽逛街買衣服，和同學去看了《變形金剛》，以及因為感冒而被拖到醫院打點滴。」

得承認，沒有當過學霸的我聽到她的這番言論時非常不服氣，於是我「挑刺」式地提問：「難道就沒有想放棄、想偷懶的時候嗎？」

她說：「當然有，每當我想放棄的時候，就背一次《桃花源記》，『初極狹，才通人，復行數十步，豁然開朗』。」

見我一臉的問號，她認真地解釋道：「就是要想『豁然開朗』，就得『復行數十步』。」

直到今天，每當我堅持不下去的時候，我就會想起她指著大木櫃子的那個瞬間，以及她背誦《桃花源記》時認真的表情。

其實，考試也好，工作也罷，都是讓自己體驗全力以赴的感覺，然後弄清楚：自己到底是想要，還是一定要。

這世上，能贏的往往都是想贏的。絕大多數人嘴裡的「我做不到」，往往都是因為心裡還「不夠想要」。

因為沒有強烈的願望，所以很難看到辦法。

就像亦舒說的那樣：「如果你真的很想做一件事情，那麼就算障礙重重，你也會想盡一切辦法去辦到它。但若你不是真心想要去完成一件事情，那麼縱使前方道路平坦，你也會想盡一切理由阻止自己向前。」

那麼你呢？

有強烈的賺錢欲望，也非常渴望能夠出人頭地，能讓父母過好日子，說起來好像非常上進，但一有時間就是逛淘寶，看抖音，追網劇，學習沒動力，工作嫌沒勁，感情沒信心，每天晚上被上進心折磨得死去活來，第二天又和昨天一樣迷迷糊糊地混日子，然後日復一日、年復一年地原地踏步。

在大考之前，你不是沒有耐心，就是沒有恆心，等到要公布成績了就緊盯著星座運勢。

當重大任務來臨時，既做不到盡心盡責，也做不到力爭突破，這個地方馬馬虎虎，那個地方敷衍了事，等到失敗了就大談「水逆來了」（指運勢不佳）。

要我說，你只是找了一個體面的理由，好讓自己看起來沒那麼糟糕，但說得不好聽一點，你這是在老天爺面前「碰瓷」。

任何你想要的東西，在追求它的過程中，都應該遵循這樣的過程：深思熟慮——心意已決——竭盡所能——聽天由命。而不是：一時興起——患得患失——心存僥倖——聽天由命。

你撐不起來的生活沒有人會幫你撐，你走不下去的路沒人會背著你走，你過不去的坎也不會有王子抱著你過。

所以，如果你知道路遠，就請你早點出發；如果你清楚和別人的差距很大，就請你多投入時間；如果你意識到某個臭毛病很難改，就請你準備充足的耐心和決心。

我想提醒你的是，當生活決定對你做出懲罰的時候，是不會有耐心聽你解釋的。不要想著明天再去努力，不要以為還能抓住青春的尾巴再拚一把，你得知道，青春是屬壁虎的。

在青春的紀念冊裡，絕不是只有校服、書包、暗戀、曖昧，也不只有笑臉、悶氣、迷茫，還應有渾然忘我的專注、志在必得的堅定、迎難而上的決心，以及大功告成的舒暢。

早就有人說過，「煎」和「熬」都是可以變得美味的方式，「加油」也是！

2

每隔一段時間，胡凱就會私訊我，講他極為不滿的長相、口才和出身，以及非常不滿的室友、專業和學校。

他發的每一個字都像是在強調：「我壓力好大」、「我好煩」以及「我好想死」。

剛開始的時候，胡凱的大頭照是「不瘦十公斤不換大頭照」，後來想考研究所，就換成了「滾去學習」。

滾倒是滾了，但就是不學習。每天花大把的時間用於跟室友冷戰，或者是非常認真地思考如何改變這糟糕的人生，但他很快就下了結論：「命運對我太刻薄了，我無能為力」、「學校和專業都太垃圾了，我沒辦法」、「某某和某某某從骨子裡瞧不起我，我還能說什麼」……

他還特地講了一件讓他「感到噁心」的事情。說是上學期的電腦考試，他問室友「準備得怎麼樣」，他們都告訴他，「一點都不會」，並且強調，「根本就聽不懂老師在講什麼」。

結果考試成績出來了，全班三十五個人，只有他一個人不及格。

他對我說：「那些人太虛偽了，嘴裡說『一點都不會』，實際上只是不會一點點，只有我是真的什麼都不會。」

我問他：「既然你知道自己不會，為什麼不去學？」

他說：「我家裡環境不太好，高中才接觸電腦，關於電腦的很多東西對我來說都是陌生的，學起來太難了。」

我問：「既然你知道自己家境不如別人，那不是更應該把注意力放在學習上嗎？爭取個獎學金不也挺好？」

他說：「努力沒有用，獎學金都是內定的，我怎麼可能有機會？」

我又問：「那就當是累積本事了，現在好好學，以後出社會也能找個像樣的工作。」

他繼續反駁道：「我們學校的名聲不行，再怎麼努力學，畢業了也不會有出息。」

我沒有再跟他瞎扯，而是發了一則微博：「萬物都超愛你，也好恨你不爭氣。」

人性大概就是這樣，越是不肯努力，就越擅長於可憐自己。然後每天認認真真地思考：如何才能不勞而獲？

很多人都習慣性地將自己的不滿歸結於性格自卑，將當前的窘迫歸結於太倒楣，將對現狀的沒耐心歸結於命運的陰險，偏偏就是不肯承認：是因為自己一遇到困難就蹲在地上撒嬌，根本就沒有做出實質性的改變。

所謂「實質性的改變」，就是把「我計劃如何」和「我想要什麼」一五一十地變成「我做了什麼」和「我做成了什麼」。

你只有去做了，才能確定：自己是「遠非如此」，還是「真的不行」？

年紀輕輕的你，最應該提防的不是什麼偽君子和小人，也不是某個「芳心縱火犯」，而是由於自己不斷權衡利弊、不斷自我可憐而導致什麼都沒有做。

你總得嘗試，總得付諸行動，擺在你面前的困局才有可能找出答案，類似於「靈感」

之類的東西都是基於長時間與問題拚到底才激發出來的。

比如說，為了做出練習本上最後的那一大題，你苦思冥想了好久還是沒辦法，卻在吃飯的時候突然有了新思路。

為了一個廣告宣傳文案，你反覆推敲了好幾個夜晚還是沒有好主意，卻在清早刷牙的時候就突然有了絕妙的點子。

這就像是困在山洞裡，你得每個地方敲一敲、瞧一瞧，才有可能找到出路，而不是坐在地上哭天搶地，然後盼著奇蹟發生。

所謂出路，就是走出去，才看到路；所謂困難，就是困在原地，就會很難。

你明明可以一天背完兩個單詞，明明能夠通過英語六級考試[2]，明明可以在新工作上表現出色，但腦子時不時地蹦出一些消極的念頭：「我到底要不要去做？」、「我真的能做好嗎？」、「今天先這樣了，那就明天再開始努力吧。」

你的問題不是「沒有辦法」，而是靈魂上瞻前顧後，肉體上無動於衷。

相對於迎難而上，你更喜歡知難而退。

2 編注：全國大學四、六級英語考試，為中國教育部主辦的全國統一標準化考試。

結果是，別人都選擇了勢在必行，你卻是睏得不行；別人要麼是希望鬧鐘叫自己起床，要麼是希望夢想叫自己起床，而你是希望沒有人叫你起床。

你經常心血來潮，也經常心灰意懶。

結果是，前一天晚上枕著各式各樣的決心入睡，第二天早上醒來繼續沒心沒肺地混日子。

然後一邊焦慮地虛度光陰，一邊惶恐地說自己無能為力。

你不如別人有天賦，還不如別人賣力。

結果是，這個地方比別人慢半拍，那個地方比別人差一截，最後看著差距越拉越大，你連奮起直追的心都沒有了。

一個普通人要想超越他的環境或者出身，進步是不夠的，得進化才行；一個平凡人要想在平凡的工作上做出哪怕一點點傲人的成就，變化是不夠的，得變態才行。

比如說，經過一段時間的運動健身，你塑造出了滿意的身形；你跟著朋友學習穿著打扮，變得越來越好看；你埋頭苦學，通過了越來越多的考試；你經常加班，完成了越來越複雜的工作；你虛心學習、勤加練習，將某個軟體運用得得心應手；你表現出色，拿到了滿意的薪水和獎金……久而久之，你就在不知不覺中脫了胎、換了骨。

反之，嘴巴貪吃導致你越來越胖；腦袋瓜偷懶導致你成績越來越差；和同事鬧僵導致你工作進度越來越緩慢；某個技能學成了「半吊子」，導致你要用的時候就兩眼一黑……

久而久之，你就會認定自己「什麼都做不好」。

世間事大多如此：越努力越容易越從容越自信越美好，越拖延越迷茫越焦慮越自卑越糟糕。

3

在決定實行「阿波羅登月計畫」之前，很多人提出了質疑，覺得花費那麼多的人力、物力、財力去做這樣一件「沒什麼用」同時又「非常困難」的事情，「簡直是太愚蠢了」。

當時的美國總統甘迺迪是這樣回答的：「某些人不理解『登月計畫』，就像不理解為什麼要攀登高峰一樣。但我想告訴這些人，我們做這件事，不是因為它簡單，而是因為它很難。因為這個很難的目標有助於衡量並提升我們當前的技術和能力。」

困難並不代表你沒有資格，它僅僅意味著你得加倍努力。

然而每個人身邊都有那麼一群人，當你用心學習的時候，他們大喊「讀書無用」；當你埋頭苦幹的時候，他們大談「努力無用」。

對他們來說，學習的目的就是為了考試及格，工作的目的就是為了拿到薪水。只要考試能及格，薪水能夠按時足額發放，那麼多做的每一分努力都是在浪費生命。

看你孜孜不倦備戰了大半年的六級考試失利了，他們就像自己考了滿分一樣開心。但他們不知道的是，因為這次考試只差三分，給了你重新再考一次的信心。更重要的是，因為備戰，你的詞彙量、聽力和口說水準都得到了大幅提升。

看你不分晝夜趕出來的企劃案被主管批評得一文不值，他們就像是自己加薪了一樣滿足。但他們不知道的是，因為這段時間的付出，你更了解業務流程，更了解行業的真實現狀。更重要的是，深入的思考和大量的準備工作讓你在後續的工作中得心應手。

換言之，只有努力過的人才知道自己收穫了些什麼，而那些沒努力的人只會認為「努力沒什麼用」。

就好比說，你習慣了音質一般的耳機，再去聽音質很好的耳機，可能會說：「這麼貴也不過如此！」但如果你聽過音質很好的耳機，再去聽音質一般的耳機，可能會說：「這也配叫耳機？」

又好比說，你頻繁被當，可能會自我安慰說：「沒有被當過的大學是不完整的。」但如果你從來沒有被當，你就會明白：獎學金、保送研究所、評優這些機會和資格其實是人人平等，並且唾手可得的。

那麼你呢？明明只要停止努力就可以很輕鬆，為什麼還要孜孜不倦呢？

那是因為你知道，任何人的安慰都不如你的勞動成果來得奏效，任何人的承諾都不如自己去努力來得心安。

因為你明白，努力能夠幫自己省下口水去說服或者證明什麼，而是直接用行動和結果去碾壓。

因為你知道自己長大了，要承擔的責任更多而且更重了；因為你想要過上父輩們不曾擁有也無法想像的生活；更因為父輩們已經替自己吃了太多的苦頭，已經幫自己走完了前面的九十九步，而自己只需再走一步，所以不敢遲疑。

因為你知道還有更寬廣的世界、更優秀的人和更美好的事物，所以不想渾渾噩噩地爛在社會的最底層；還因為你知道自己手上的籌碼不多，要想跟混蛋的生活拚到底，要想在別人的排擠和質疑中站穩腳跟，就不能停。

因為除了追求眼前的分數、名次、薪水、愛情或聲譽之外，你還想確認一下：自己到底能夠厲害到哪種程度！

因為自慚形穢，所以更想力爭上游；因為自命不凡，所以想要出人頭地；因為天生傲骨，所以不願甘拜下風。

努力是會上癮的，尤其是嘗到甜頭以後；不努力也是會上癮的，尤其是習慣了懶散以後。

4

哦，對了。

在這個時代，有很多人僅僅只是在社交軟體上表現得很廢、很懶、很不可理喻，他們在實際生活中其實無比熱愛生活、無比努力進取、無比自律、無比和善……

這和上學的時候，總是跟你說「我沒有看書」、「我沒有複習」，但成績卻名列前茅的人是一樣的。不信你仔細想一想，那些一不留神就升職加薪的人，那些一不小心就考上研究所或博士班的人，那些一不注意就瘦下來的人，哪個是真的又廢又懶的？

你多用點心吧！

06
太多人輸在不像自己，而你勝在不像別人

1

有的人是因為朋友少而形單影隻，有的人朋友很多卻喜歡獨來獨往，比如笛子。

笛子能在一個僻靜的巷子裡看一個手工藝人勞作，從清晨到日暮，也能在寂靜的山谷裡獨自待到繁星滿天。

他能捧著一包栗子在老城區裡漫無目的地瞎逛一個下午，也能三四個小時一動不動地趴在頂樓拍星軌。

他想要去哪個地方玩，背著包就去了，不會想著找個伴。但在路上，他卻很喜歡與人閒聊，不管是司機、導遊，還是路人、小販，他都想聊上幾句，不是因為孤獨，而是想要了解更多。

他在工作中很有主見，當別人都在等老闆指示如何展開工作的時候，他已經按照自己的節奏做完了很多事；當別人都在為突發狀況推卸責任的時候，他已經想好了解決方案。

他給人的印象就是，上一秒還在人群裡談笑風生，下一秒就會在人群之外冷眼旁觀；話雖不多但擲地有聲，從不取巧但口碑炸裂。

我曾問他：「不和朋友在一起，不覺得孤獨嗎？」

結果他說：「在一起也一樣孤獨啊！」

我又問：「你就不怕別人對你印象不好？」

他回答道：「我以前倒是非常在意別人的看法。別人問我怎麼不愛說話，我就會拚命地東拉西扯，但說了跟沒說一樣，甚至不如不說。現在別人問我怎麼不愛說話，我就會很坦然地告訴對方『我沒想好要怎麼說』，或者『我覺得沒有必要說』。」

其實，真的不需要多說什麼，你認真地做好了一件事，會替你解釋所有的事。

不必擔心別人怎麼看自己，也不必老是忙著告訴別人你在幹嘛。一旦你為自己預設了觀眾，就會在瞬間失去自我。

比如說，你明明更想玩雲霄飛車、明明更想吃烤肉，但因為同伴喜歡玩海盜船、喜歡吃涼麵，結果你在遊樂場裡既玩得不痛快，又吃得不開心。

比如說，你明明手頭有很緊急的事情，但因為旁邊有人在閒聊，你就會裝作很有興趣的樣子，然後時不時插上幾句，以顯得自己懂禮貌，但結果是：別人覺得你心不在焉，而你還把事情耽誤了。

比如說，你明明是打算認真學習、努力做題目，結果因為有同伴在身邊，你就看不進去書，聽不進去課，還管不住自己的嘴巴，總想聊點什麼，聊著聊著，一個下午就過了。

又比如說，你明明只需三分鐘就能搞定的事情，一旦有了別人的陪伴，可能三十分鐘都搞不定；你明明可以輕鬆得出結論的問題，一旦有了別人參謀，你可能就很難給出答案。

人活著不是為了讓別人滿意的。如果「讓人滿意」這件事情影響了你的學習、工作或者心情，那麼「讓人滿意」的同義詞就是「浪費時間」。

那還不如就獨來獨往地學習和生活。

喜歡獨來獨往，是因為你很清楚：遇到問題了，自己看書、自己研究、自己摸索，遠比聽別人東拉西扯，或者跟一群局外人討論要有意義得多。

你可以在專業的書籍裡找答案，至少可以找到理論依據或者解題思路。

你可以去請教真正的高手，也許別人的一點點提示就能達到撥雲見日的效果。

你可以去網路上找相關的課程，花上三五天細心研究，也許就能學會一項技能。

所以你才懶得去跟話不投機的人辯論，而是選擇親自去搞定問題。

喜歡獨來獨往，是因為你發現：自己一個人吃飯，遠比和幾個不太熟的人一起吃要有意思得多。

你可以起個大早去市場挑選新鮮的食材，然後耐心地為自己做一頓美食。

你可以跟著美食教學研究一道新菜式，然後增長自己的廚藝。

你可以不顧禮儀，不顧吃相，不顧穿著，想怎麼吃就怎麼吃。

所以你才懶得去參加拍起來很美、待著卻很尷尬的飯局，而是更願意把這樣的週末留給自己。

喜歡獨來獨往，是因為你明白：一個人待著，遠比和一群裝得很熟的人在一起要舒服得多。

你可以去看自己喜歡的電影，然後隨便哭，隨便笑。

你可以去自己喜歡的小店，然後隨便吃，隨便喝，隨便拍。

你可以去一個自己喜歡的城市，然後隨便待著，從清晨到日暮。

所以你才懶得去參加那些看起來高朋滿座，實際上跟自己沒什麼關係的活動，而是選擇照顧好自己的感受。

人性就是這樣，當你獨自一人生活的時候，你更容易反叛；一旦你習慣了和別人一起生活，你就更擅長於委屈自己。

我想說的是，不合群沒什麼，不合自己的心要痛苦得多；被人討厭沒什麼，不怕被人討厭要快樂得多。

不是所有的才華都要有人賞識，不是每一種喜歡都要取得共鳴，不是每一段時光都要有人做伴。

如果你獨自一人就能過得風生水起，而當另一個人或者一群人出現時，由此產生更多的是麻煩和打擾，而不是分享或者欣賞，那麼你就不要介意獨自生活。

生物學家早就告訴過我們，那些在黑暗中找不到光的生命，大多學會了自己發光。

2

趙姑娘是室友眼中的「異類」。

她的日常不是待在自習室裡看書，就是在去自習室看書的路上。

但她的室友們卻是在組隊混日子，她們幾乎每時每刻都黏在一起，研究怎麼化妝，怎麼團購，再不然就是討論哪部劇的哪個角色演得有多爛，哪個牌子的哪款鞋子設計得有多醜……

室友群聊的時候也會問問趙姑娘的看法，試圖把她拉進熱鬧的討論中，但趙姑娘每次都會說：「我不知道。」

次數多了，趙姑娘身上難免就會有個「不合群」的標籤，甚至還有人當眾嘲諷她：「有什麼了不起的，不就是多讀了幾本書嗎？」

趙姑娘也不生氣，而是平靜地說：「我理解你們喜歡陪伴，但希望你們也尊重我喜歡獨處，這和讀了多少書沒有關係。」

她從來不去引用熱門的勵志名言，因為在她看來，「父母的付出、自己的追求，遠比任何人的一句話更能警醒自己」。

她既裝不出熱情去討好誰，也知道自己沒有什麼出眾的魅力讓別人主動。所以她的選擇是，與其互為人間，不如自成宇宙。

後來，學校要舉行演講比賽，平時能說善道的室友在臺上照著稿子念都念得結結巴巴，而平日沉默寡言的她卻是脫稿演講，並且講得繪聲繪影。她們這才知道，她不是不會說，而是不想說。

後來，班級投票評選優秀學生代表，平時覺得跟大家關係不錯的室友只得了三票，而獨來獨往的她卻得了全班三分之二的票數。她們這才知道，或許很少有人喜歡她，但很少有人不尊重她。

再後來，學校舉行了畢業徵才，室友捧著一大疊個人簡歷像發傳單一樣「挨家挨戶」地投寄，卻無人問津，而她卻憑藉大學四年獲得的各種評優和獎學金，以及發表的論文，輕鬆地拿到了一家大企業的聘書。她們這才明白，她待人冷漠只是想更有效率地用好這所剩不多的青春。

所以說，真心想要做點什麼，就要假裝沒有觀眾。一個人孜孜不倦，一個人張燈結綵。

事實上，不同的人即使站在同一個地方，透過各自的人生，看到的風景也有所不同。比如說，你想上進，就不要在意一個遊手好閒的人，他肯定會說：「努力沒用。」你想結婚，就不要盯著一個離婚的人，他肯定會告訴你：「結婚不好。」你想買房，就不要關注那些不打算買房的人，他肯定會提醒你：「房價會跌。」既然你已經選擇了自己想走的那條路，就不必在乎別人能否理解你。畢竟，你又不是貨架上的水果風味飲料，會在明顯的位置上寫著「橘子味」或者「草莓味」。

敢於與眾不同，就要敢於接受別人對自己有不一樣的看法。你不能既要特別，又想被理解，就像你不能向糖果伸手，然後又嘲笑自己孩子氣。

敢於成為「異類」，是因為你知道自己想要什麼，因為你心裡擁有「我跟他們不一樣」的自信，以及「我只是暫時跟你們一樣」的耐心。

而這意味著，你可以懷抱著旁人所不夠的定力去做自己想做的事情，勝固欣然，敗也從容。

這意味著你踏上了一條自己喜歡的路，這條路的盡頭不一定有你想要的東西，但你還是決心要去看看。

這意味著你不再是其他人想法的複讀機，不再是潮流的傀儡，不再是孤獨的奴隸。

這還意味著，你既不會給別人惹麻煩，也不會為自己找尷尬，就像是在用小火慢慢地「燉著」自己，「咕嘟咕嘟」地越燉越濃郁。

你往人群中靠近一寸，你內心的落寞就會增長一尺。

所以我的建議是，不要追求熱熱鬧鬧卻空空洞洞的合群，不要糾纏毫無意義又毫無頭緒的爭論，不要為了面子而演一個不熟悉的角色，也不要因為別人的拙劣表演而氣急敗壞。

不要因為這世上有人跟你「道不同」，你就不好好走自己的路；不要因為身邊有人不理解你，你就覺得自己做錯了什麼。

假如你自身毫無價值可言，那麼誰的認可其實根本就不重要；假如你自身價值不菲，那麼誰的批評其實也無所謂。

最重要的事情是，從來都不是有沒有人愛你，而是你值不值得愛。

同樣，不是朋友多了路好走，而是把路走好了朋友才會多。

3

看過一段經典的對白。

A問：「長大以後，最讓你難過的事情是什麼？」

B答：「我有一個朋友，從前的她走路有風，行事高調張揚，笑起來眼角眉梢都是瀟灑。她放縱不羈，桀驁不馴。」

A追問：「那後來呢？」

B答：「後來的她走路不再敢逆著人潮，為人處世謹小慎微。她不再有放肆的開懷大笑，也不再有凌雲的少年意氣。」

其實很多人都是這樣長大的，日子一天一天地過去，不知不覺就沒了個性，沒了夢想，沒了激情，也沒了原則，畢生的追求也不過是為了要和大多數人保持一致。

結果是，大家都願意服從，好像世界上最安全的事就是讓自己消失在「多數」之中。

現實就是這樣不可理喻，它變著法子地逼你合群，向你灌輸如何取得成功，卻從不教你要如何保住自己的個性。

你被它塞進一個模具裡，變成了一個規矩的、合格的大人，但代價是，你失去了獨立思考的能力，失去了個性、夢想、熱情和好奇心。

結果是，「我」慢慢地被「我們」給稀釋掉了。

我想提醒你的是，成長過程中很重要的一件事情是，你要學會接受別人和自己的「不一樣」，同時保護好自己和別人的「不一樣」。

只要還有爬出泥潭的力氣，就不要讓自己在那裡待太久；只要還有反抗的念頭，就不要站在原地無動於衷。

沒有誰能阻止小人物懷有遠大夢想，也沒有誰能阻止渺小的生命去做生猛的嘗試。他們試圖把你埋了，但你要記得你是種子。

希望你獨處的時間不僅限於到了家門口的車、說過晚安之後的夜、關上門的廁所，還包括在熱鬧的人群面前，在千篇一律的潮流面前，在眾口鑠金的偏見面前。

希望大齡女子還有不將就的決心，而不是像個包裹一樣把自己隨便地寄出去。

希望中老年人還有追求愛情的勇氣，而不必擔心被旁人說成「老不正經」。

希望生了女孩子的媽媽有「可以不生」的決定權，而不是「被迫生出男孩為止」。

希望正在努力學習的人有定力繼續學習，而不必介意被一群只知道混吃等死的人當成是「怪胎」。

希望內向的人有底氣拒絕某個圈子，而不是勉為其難地成為圈子裡面目模糊的某某。

希望你能早日承認：生命中大部分時光是屬於孤獨的。

也希望你能早日明白：「不同」不等於「不對」，「不被理解」不等於「我要妥協」。

如此一來，所有你在熱鬧中失去的，都可以在孤獨中找回來。

4

哦，對了。

如果你就是喜歡熱鬧，就是嚮往合群，那你就繼續保持，但是，當你覺得自己被冷落、被孤立了，希望你不要抱怨人類的功利，而是反問自己：我是不是有趣？我有沒有用？

畢竟，人本來就是功利的物種。一個人或者一個群體對另一個人長時間地保持友善或者和藹，只有一小部分原因是出於好感或者認同，更多的是基於「有沒有價值」。

需要特別強調的是，「人是社會關係的總和」，這話可能會幫你在一個小圈子裡順風順水兩、三年；「人是他自身價值的總和」，這話能讓你在任何時候、任何地方都能站穩腳跟。

07

男之患在好為人師，女之患在好為人媽

1

阿雅跟幾個同事吐槽她老公的時候，我真的快要笑死了。

她老公是個司儀，前陣子主持了一個周歲宴，結果他看小壽星長得太可愛了，就不要臉地要認這個孩子做乾女兒。孩子家長受不了他的死纏爛打，就答應了。

這可倒好，一千塊人民幣的主持費用不要了不說，他還包了一個一千塊人民幣的紅包給那孩子。

阿雅氣得直跺腳，當晚就把她老公轟出了臥室。結果晚上十一點多，她老公在客廳裡跳來跳去。

阿雅聞聲走出臥室的時候差點沒笑出眼淚來，眼前的「景象」是，一個一百八十六公分的北方大男孩，抱著枕頭站在茶几上，臉色慘白，嘴裡念念有詞：「家裡有蟑螂，老婆快救我！」

有同事笑著問阿雅：「那你怎麼當初就選了他呢？」

阿雅想了一下，然後回答道：「因為在他那裡，我永遠有臺階可以下。」

然後，阿雅從吐槽模式切換成了「炫夫」模式。

談戀愛的時候，阿雅騙他說要睡覺了，實際上是追劇去了。後來，男生看見阿雅在朋友圈裡按了別人的讚。

驚奇的是，男生沒有問她「你為什麼要騙我」，而是問她「你怎麼醒了」。

婚後第一次去婆婆家，阿雅為了露一手，就親自下廚。大概是因為太想表現自己了，所以那頓飯做得很失水準。

男生的一家人倒也沒說什麼，結果阿雅自己吃了一口就對大家說：「這溜肉段[3]好硬啊，實在抱歉，我這次做得太差勁了。」

男生馬上接話說：「這肯定不能怪你，可能是這頭豬平時比較注重鍛鍊，所以肌肉太緊實了。」

懷孕之後的巔峰期，阿雅的體重一度達到了七十幾公斤，甚至超過了男生。

有朋友跟阿雅提到這個事實的時候，阿雅反駁道：「怎麼可能？」

朋友轉而問男生：「你發過朋友圈的，我記得是『胖子何必為難胖子』，你就說是不

3 編注：中國吉林省十大經典名菜之一。

是有這回事吧？」

結果男生看了看阿雅，然後穩重地說：「不敢有」。

遇到理解你的人是非常奇妙的事情。就像是，你以為只有自己蜷縮在黑漆漆的角落裡，而他卻提著燈找到你了，沒有問你為什麼躲起來，也沒有急著拉你出去，而是溫柔地問了一句：「我可以坐在你旁邊嗎？」

然而在現實當中，很多戀人身兼了「戀人」和「負評師」兩個角色。

結果是：他從最初常說的「Hello」（你好），變成了後來常說的「好 low」（差勁、低級）。

你提議去哪裡玩，他肯定會說不去：「那種地方有什麼好玩的？」

你在學習或工作上取得了小成績，想聽幾句讚美，結果他卻不屑地說：「那種獎有什麼好驕傲的？」

你壓力太大跟他撒嬌，他就說你太懶太廢，然後說你不會安排時間，說你這裡那裡都不對。

你向他解釋自己的工作很複雜，他就輕描淡寫地說：「那麼簡單，哪有你說的那麼難？」

你和他分享感人的書籍或者電影，他不是說無聊，就是想都不想地回你一句：「也就能騙到你這種笨蛋。」

你和他交流對某個新聞事件的看法或意見，他動不動就說：「那不可能。」、「你想得太幼稚了。」或者「你這觀點都是哪裡看來的？」

最過分的是，有時候他自己提出來的觀點，你隔了一段時間再跟他提出來，他照樣會否定你。

如果你生氣了，不說話或者轉身就走，他還會繼續「追擊」：「這麼點小事就要生氣了？」、「有必要嗎？」、「算我錯了行吧。」

就在你準備大事化小，小事化了的時候，他冷冰冰地又來了一句：「我現在不能說你了，是嗎？那我以後不說話，行了吧？」

他否定你的身材，否定你的打扮，否定你的喜好，否定你的努力，否定你的朋友，否定你的家人，以至於讓你覺得自己一無是處。

他總是盯著你生活中的漏洞，總想改變你的生活，就好像他知道的才是世界上唯一正確的活法。

可是他從來都沒有想過，你都已經這樣活了二十年了，而且活得還挺好的，為什麼在他這裡，你做什麼都是錯的呢？

如果你有這樣的戀人，請替我轉告他：「你的女朋友並沒有你以為的那麼弱智，她很清楚自己的缺點，她也能接受批評，她也會獨立思考。她並不是要你閉嘴，也不是逼你幫她戴高帽子，她需要的只是能夠與你心平氣和地交流，在交流的過程中感受到在乎、聽得出理解，僅此而已。」

我只是替這些自以為是的人擔心，怕他哪天後悔了想找你道歉，聽到的卻是：「您撥打的用戶已經談戀愛了，請稍後再哭。」

2

見到H的時候，她的眼睛又紅又腫。馬上就要步入婚姻殿堂的她此時卻因為未婚夫越來越冷漠而坐立不安。

H說他們之間的話越來越少了，有時候不得已通個電話，說完了正事，就會異口同聲地說：「那我掛了啊！」就好像說慢了誰就輸了似的。

兩個人最後一次「交戰」是在昨天下午。

H收拾書櫃的時候弄壞了未婚夫最心愛的模型，其實H是故意的，她就是想試試看，對方更在乎的是模型，還是她。

結果未婚夫既不在乎模型，也不在乎她，而是把自己鎖在書房裡，直到第二天清早直接去上班了。

H說他變了，以前規定他：「聊天最後一定要他結尾」、「吃飯之前一定要報告和誰吃什麼」、「吃完飯一定要打電話聊一下」、「睡前一定要互道『晚安』」……他都會照做，而現在基本上都是以沉默結束。

更讓H感到憂心的是，未婚夫辦公室裡的每一個女性都顯得比自己有魅力。所以他時不時會去偷看未婚夫的手機，會監視未婚夫的帳戶餘額，會迫切地希望未婚夫能夠多找自己、多陪自己，最好是隨時隨地地報告行蹤。

說著說著，H又要掉眼淚了，並用哭腔說：「我為他付出了那麼多，可是他好像越來越不在乎我了，老楊，你罵罵我吧！」

我毫不留情面地說：「你還是別談情說愛了，去打仗吧，在戰爭中，你不是戰死，就是活著。而在愛情中，你既死不了，還活不好。」

其實我想說的是，他在外面已經打了八個小時的攻堅戰，回到家還得跟你接著來個八小時的諜戰、心理戰、輿論戰和冷戰。然後你說他越來越不在乎自己了，這不是必然的事嗎？

你說你為他吃了很多苦，可是就算你像苦行僧一樣過日子，對方卻並沒有因為你受苦而感到快樂，那麼他就不會覺得虧欠你。

因為沒有人因為你受了苦而獲益，那自然就沒有人因為你受苦而感激。

你所謂的「我是因為愛你才去管你，因為在乎你才看你的手機，因為害怕所以才去監管你跟誰在一起吃飯」，這些更像是在說「我要全方位地控制你」。

問題是，四壁都是透明玻璃的房間還能算是家嗎？將一個人五花大綁的親密還算是愛嗎？

在感情中的你就像一個貪官，每天都在變著法子「巧立名目」——要更多的關心，要更多的陪伴，要更多的安全感，惹來天怒人怨不是早晚的事嗎？

與其說是他不想靠近你，不如說是你把他趕走的！

德國著名心理學家海靈格曾說：「幸福的家庭都有一個共同點，家裡沒有控制欲很強的人。」

而你呢？

本意是想照顧好對方的生活，卻一不小心用力過了頭。結果是，有困難要幫他，沒有困難，你製造困難也要幫他。

為了讓他聽話，你的策略是多說幾遍，他的策略是假裝聽不見。結果是，他越來越覺得你嘮叨，而你越來越覺得他敷衍。

你控制不了自己的情緒，又想照顧好對方的感受。結果是，你越來越苛刻，他越來越冷漠。

最終，感情淪為了抱怨的製造商，跟你約會就像是在奔赴戰場。

在遇見愛情之前，你會以為自己是個合格的戀人，知分寸、懂進退，可一談戀愛，你就變成了幼稚小氣、嫉妒心破表，同時還蠻不講理的討厭鬼。

如果對方忘記了紀念日，你就惱火地強調：「你上次說了，要這樣，要那樣，你以前可不是這樣說話不算數的，你欠我這個，還有那個……」

如果對方一應俱全，而且有求必應，你依然可以從一些幾乎可以忽略不計的小事上挑出毛病來。

甚至就連鞋子必須怎麼擺放，被子必須怎麼折，坐在沙發上的時候必須這樣，吃水果必須那樣……你都有明確的指令。

而這些「指令」和「禁令」都像是在對他說：「你要聽話」、「你要執行」、「你要改變」。

那麼請問一下，你是他的戀人，還是他的媽媽？

我的建議是，永遠不要有改變他的念頭，也永遠不要有掌控他的想法，因為到最後你會發現，自己再怎麼歇斯底里，對方很可能是紋絲不動，僅僅是增加了不美好的回憶罷了。

你為什麼要發火？無非是：

「我現在很不爽，我得表現出來，讓你也不爽，看著你不爽，我就有點爽了。」

「我要找碴，我要試探你，透過你的反應來確認你還愛我。」

「你身上的臭毛病我實在是忍不了，我想透過發脾氣的方式來讓你做出改變。」

而你表達不滿的方式，要麼是自我拉扯，要麼是大動肝火。然後一哭二鬧三上吊，不吃不喝不睡覺，但這麼做的後果只會進一步激怒對方。

事實上，即使相愛也無法保證心靈相通。所以，千萬不要指望對方能透過你那臭得要死的臉，看透你「希望他好」的心。

哭泣確實會得到一點點的憐惜，但淚水太多只會讓人窒息；用純金去打造鳥籠確實是非常辛苦，但對鳥來說也只是牢房而已。

3

剛剛在一起的時候，所有人都覺得你們不可能在一起很久，甚至還有人在打賭，賭你們什麼時候分手，但你們就是在一起了很久。

但後來，你們經歷了越來越多的事情，多到所有人都覺得沒有什麼事情可以將你們分開，但你們卻真的分開了。

是的，相愛容易，相處太難。因為大家都是在跟對方的優點談戀愛，卻需要跟對方的缺點一起生活。承受不住考驗的就分了，經不起折騰的就算了。

不信你再看看那些童話故事，有多少是講到婚禮發生的那天就不敢再往後講了。

男的說：「我願意為保護你而赴湯蹈火，但我接受不了你的任性和胡鬧。」

女的說：「我願意不離不棄一生伴你左右，但我無法容忍你的冷漠和忽視。」

大家都在說：「我願意為了愛情付出所有。」前提是遇到那個對的人。

於是，很多人將情路的坎坷怪罪於「沒有遇到對的人」，就好像只要找到那個「對的人」，他就一定能夠秒懂你的小心思，會跟你有無言的默契，會填補你所有的缺憾，會將你從乾癟的、乏味的生活中拯救出來……就好像有了那個「對的人」，所有的問題都會迎刃而解，人生就再無後顧之憂。

那麼，怎樣才算是「對的人」？是不是要高富帥，要善解人意並且非常有趣？

有人粗略幫我們算了一下，遇到一個「對的人」機率到底有多少呢？

先說「高」，按照一百八十公分來算，就當作是20%；再說「富」，就按照「一百個人裡面有兩個富人」來算，大概是2%；再說「帥」，就按照「一個班裡至少有一個帥哥」來算，當作是5%；要「善解人意並且非常有趣」，就按照「五十個帥哥裡面有一個」來算，也就是2%，結果是多少呢？20%×2%×5%×2%＝1／250000。

換言之，如果你一天新認識一個男生，大約要用六百八十五年才能遇到這樣一個「對的人」。

但是，如果你還想考慮一下「三觀」（價值觀、人生觀、世界觀）合不合，你的爸爸媽媽還要對比一下對方爸爸媽媽的教養，你的爺爺奶奶還想分析一下你們倆的生辰八字……

呵呵，恐怕你得花掉上下五千年。

「對的人」這種想法會讓你誤以為自己當前的感情就是一個錯誤，你就沒有解決問題的耐心，你只想快點分手，然後騰出手去找那個「對的人」。

於是你左挑右選，一有不滿就想換一個，一有矛盾就想著「那就算了吧」。

現實的愛情從來都不是一個白馬王子遇上一個白雪公主，而是一個平凡的人遇到了另一個平凡的人。

這就意味著，人人身上都有幾大籮筐既不想改也很難改掉的臭毛病。

這還意味著，我或多或少會對你有不滿，你或早或晚會覺得我有點煩。

愛情根本就拯救不了任何人，唯有你變好了，你的愛情和生活才能一併得救。

4

男生和女生是兩種完全不同的「物種」。

比如同樣是手機關機了，開機之後發現對方打了二十通未接來電，女生會覺得「我好開心」，而男生則會認為「我死定了」。

比如同樣是吐槽自己的同事，女生的想法是：「你就應該不分青紅皂白地站在我這邊，跟我一起吐槽，要不就是誇獎我、讚美我，不要說別的。」而男生的想法是：「有矛盾就要分析誰對誰錯，或者乾脆做出決定，是辭職不幹了，還是再忍一忍。」

又比如同樣是讓對方開心，女生需要的是：擁抱、接吻、好好說話、陪孩子玩、打掃、陪她去娘家、陪她逛街、陪她旅行、對她說甜言蜜語、為她準備紀念日的驚喜禮物、做她的忠實聽眾等幾百幾千個答案……而男生需要的則是：「別管我！」

所以對待女生，你要寵愛。

所謂「寵愛」，不是噓寒問暖，也不是有求必應，而是懂得她獨在異鄉的孤獨，體諒她初為人妻、為人母的無助，理解她在柴米油鹽和鍋碗瓢盆面前的辛苦。

不要跟她冷戰，不要對她說教，最大限度地表現你的寬容和熱情。

沉默不見得是愛，但冷漠一定是傷害。對錯可以拉扯，但冷漠只會讓人無計可施。

所以對待男生，你要尊重。

所謂「尊重」，不是百依百順，也不是阿諛奉承，而是有意識地維護男生脆弱的自尊，體諒他不願意示人的怯弱，接受他稍微孩子氣的意見，容忍他長不大的想法，適應他不同常人的習慣。

不要當眾指責他，不要公開否定他，任何時候都要記得維護他的尊嚴。

你不尊重他，別人就更不會尊重他。那後果就是，別人在輕視他的同時，順便也把你給輕視了。

好的愛情就像是一方沃土，你是蘋果就長成好吃的蘋果，我是橘子就長成甜甜的橘子，我不會要求你變成橘子，你也別盼著我長出蘋果來。

我們並肩而立，各自枝繁葉茂，我們互相關心但不介入，互相理解卻毋須苟同。

我們就像是在同一首曲子中起舞，但我們的舞姿可以各不相同；就像是在同一個酒會上舉杯，但我們不必用同一個酒杯共飲；就像是琵琶或者鋼琴，弦或者鍵是在同一首樂曲下顫動，卻又各自獨立。

我不會貶低你為之驕傲的，你不去阻止我真心喜歡的，我不會攻擊你與生俱來的，你不會期待我根本就沒有的。

我們以信任之心給予對方想要的自由，同時又以珍惜之心不濫用自己的自由。

希望世界上所有的久處不厭都是因為「啊，你怎麼越來越可愛了」，而不是因為「算

了算了，都已經在一起這麼久了」。

希望世界上所有的白頭偕老都是因為「我想和你虛度時光，比如低頭看魚」，而不是「還能怎麼辦呢，都已經這樣了。」

08 不要學會了說話，就忘記了做人

1

先講兩個關於「說謊」的笑話。

第一個發生在火車上。一個男子上車之後發現有人占了他的座位，然後男子就故意把自己的車票給占座的人看：「大哥，我不認識字，麻煩你幫我看一下我這張票是在哪個位子。」

結果占座的人看了一眼票面，很認真地回覆道：「兄弟，你這是站票，站哪都行。」

第二個發生在國外。一個男子在賭場贏了十萬美元，他不想讓任何人知道，就偷偷把錢埋在自家後院裡。第二天一早，他發現錢不見了。但地上有一排腳印，一直延伸到鄰居家。

鄰居是個聾啞人，男子就去請了一個會手語的老先生幫忙溝通。鄰居開門之後，男子馬上舉起槍，並對打手語的老先生說：「你告訴他，要是不把十萬美元還給我，我馬上就斃了他！」

老先生把男子的話用手語傳達給了鄰居，鄰居馬上就交代了，說錢就埋在櫻桃樹下。

然後，老先生轉身對男子說：「他不肯告訴你，他說他寧可去死。」

為了得到好處，說謊成了很多人的本能反應，就像是吃到了好吃的零食一樣，根本就停不下來。

有個有趣的統計顯示：平均來說，一個人每天被騙的次數是十次到一百次不等。

如果是夫妻，每十次交流至少有一次是在說謊；如果是熱戀中的情侶，每三次交流有一次說謊；如果是你和你媽媽，每五次交流至少有一次是在說謊。

可是即使大家都接受了這是一個充滿了謊言的世界，大家也很難接受被戲弄。

換句話說：你可以胡說八道，但別把我當成傻子。

然而現實生活中總有一些自以為是的人，覺得別人都比自己笨，覺得別人肯定看不出他的那些小算盤，覺得別人肯定看不穿他說的謊言，於是就用謊言來拿捏別人。

比如某個男生，為了追求某個女生，他連續送了一個月的愛心早餐，還不時地傳一些「大清早選購食材」的照片給女生，以示他的用心良苦。

結果有一天，女生發現男生送的愛心早餐都是在一家小吃店裡購買的，馬上就和男生斷絕來往了。女生覺得自己被糊弄了，就開始懷疑男生的真心。

比如某個送餐員，因為自己接單數量太多了，導致送餐遲到了一個小時，他沒有主動道歉，而是跟客戶狡辯：「這又不能怪我，是餐廳做得太慢了。」

他不知道點餐軟體已經暴露了他的謊言，他不知道客戶更願意聽到「抱歉，怪我送晚了」這樣誠懇的話，所以面對因為被騙而被激怒的客人，他甚至還會抱怨一句：「你真是太小題大作了，你不知道送餐有多辛苦嗎？」

比如某個中階幹部，因為想要向大老闆展示自己「非常努力」，就設了一個凌晨一點定時發送的郵件，還特地夾帶了一張他辦公室座位的照片，但其實他早就下班回家了。

結果大老闆那天見完客戶，大半夜回了一趟公司，收到郵件的時候，老闆發現他的座位上空無一人，一下子就明白是怎麼回事了，第二天就把這個人連降三級。他本來沒做什麼壞事和錯事，但老闆往「不可靠」這方面想了，就開始懷疑他在很多地方都做了手腳。

比如某個公司的小職員，上班時間逛淘寶、刷微博，等到下午五、六點才開始工作，然後一直拖到晚上八、九點才下班。聚餐的時候她就跟同事吐槽自己工作有多慘，又或者是趁機向主管表示自己有多上進。

大家表面都在安撫她、誇獎她，但私下卻互相吐槽：「她是覺得我們眼瞎嗎？」

這個世界上，自作聰明的人太多了。別人不揭穿你，並不代表什麼都不知道。只是不屑說，懶得去說，因為大家根本就不想救你。

你可能覺得自己還不錯，待人禮貌、工作上進、心地善良、做事認真……但實際上，你是個什麼樣的人，別人早就有了判斷，只是沒有說出來罷了，然後就讓你徜徉在自己的美好想像之中，以為「我表現還不錯，大家應該看不出我動機不良」。

事實是，你把別人當傻子的戲碼演得越是精彩絕倫，大家就越不忍對你的演出喊卡。大家就那樣看著滑稽的你，就像在看一場免費的馬戲。

都說「聰明人看破不說破」，其實這句話還有下一句：「傻子才把別人當傻子」。

2

有個女生問我：「以前交情蠻好的朋友向我借了兩千塊人民幣，都已經好幾年了，還沒有還給我，如果我現在開口要，是不是顯得不太好？」

她大致描述了一下借錢的過程，朋友說她因腸胃炎住院了，想借一千塊人民幣救急。女生直接轉了兩千塊人民幣，並且寬慰道：「我怕你不夠，借你兩千，如果還不夠，你再跟我說。」

結果她後來發現，原來這個朋友並沒有生病，而是和男朋友去旅遊了。

女生在微信裡明示暗示了幾次，但對方每次都能搪塞過去，要麼是說，「你們家那麼有錢，肯定不缺錢花」，要麼是說，「你男朋友那麼疼你，叫他買給你」，要不就是拍著胸脯保證，「過幾天肯定還給你」。

就這樣，「幾天」變成了「幾年」。

我問她：「如果對方實際上就是不想還你，你還打算要這個朋友嗎？」

女生說：「不想要了。」

我說：「那你就大大方方地要，她都好意思不還，你有什麼不好意思要的！」

她又問：「我是不是特別蠢啊？」

我回覆道：「蠢的是她，這麼真心對她好的朋友都不知道珍惜。」

太宰治有一句話我特別喜歡：「給別人添麻煩還能佯裝無事，不是精神特別傲慢，就是有乞丐的天性。」

你用誇張的、欺騙的方式得到了一時的好處，但同時也消耗了你自己，要心機的次數多了，你就不值錢了。

就像「狼來了」的故事那樣，你以後真的發生什麼要緊的事情，別人也懶得理你了。人再倒楣，也不能坑自己的朋友；活得再難，也不要丟掉別人對自己的信任。

別人可以真誠地幫你，但這並不代表別人喜歡被你使喚。他不是用來欺負的，他不喜歡加班，不喜歡無私奉獻，不喜歡勞心勞力地幫助別人，也不喜歡三天兩頭地借錢給別人。

別人可以請你吃一千塊人民幣的大餐，也可以請你喝兩千塊人民幣的好酒，但是你欠他的一百塊人民幣，你得還，這是規矩。

沒有一份真誠是不需要妥善保管且耐心維護的，沒有一份好心是沒有來由且不需要回報的。

一輩子長著呢，別把自己的路走窄了。

你當然可以去學巧舌如簧的說話術，也可以去學氣勢如虹的辯論術，但大前提是，你得先學會做人。

假如人不行，不管你學會了多麼高級的說話技巧，不管你說得多麼動聽，說話的技巧只會讓你顯得特別討人厭，只會讓別人確認：你這個人確實不行。

真是替你擔心，怕你哪天有求於人，但始終無人接聽，而語音提示就像是在說：「對不起，您撥打的用戶正在假裝聽不見，還要點面子的話，請不要再撥了。」

3

還記得有個女生在微博裡私訊我，她先傳了自拍照，然後開始講不順心的事。

大意是，自己就長這樣，最近發了幾次朋友圈，僅僅是為了記錄一下最近的生活。可總有那麼幾個嘴賤的人喜歡評論，「長得這麼醜還敢秀」、「某某比你好看多了」、「PS得太過分了」，甚至還有人說「像鬼似的」。

她反擊了，對方就說自己是開玩笑；她罵回去，結果其中的兩個人把她的照片發到了公司微信群裡，還起鬨要大家都說醜。

之後，原本愛笑的她患上了抑鬱症，敏感得就像一隻穿山甲，恨不得每天都躲在石頭縫裡。

她問我：「我該怎麼辦？」

我回覆道：「不要還擊，不要理睬，就當他們是滿天亂飛的屎盆子，你得把自己的心態、位置都擺得更高一些，爭取讓這些屎盆子砸不到你。」

這世上既然存在一見鍾情，就難免會有一見噁心。

對於以嘴賤為樂的人，我只想說四點：

一、我承認你有言論自由，也認可你有發表自己觀點的權利。但如果你說話就像是在隨地大小便，那我建議你去找個廁所，或者在你自己家裡解決，而不是竄進我的花園。

二、我接受你不喜歡我的事實，但你不能跑到我的私人地帶來噁心我。沒有按你喜歡的方式存在，那是因為我從來就不是為你而活，你的喜好並不是我生活的參考答案。

三、真誠的前提是有所保留。在什麼場合，什麼話該說，什麼話不該說，你心裡應該有個數。別人悲痛欲絕，你還滔滔不絕，真的不是性格的問題。

四、雖然你不喜歡我，並且也無法改變我的生活方式，但是你可以戳瞎自己的眼睛。現實有時候非常地不可理喻，願意耐心地敲開心門的人越來越少了，而專程前來找麻煩的人卻接二連三。

讓你難過的，都說自己沒有惡意；讓你受傷的，都說自己不是故意。你看，每一個你覺得壞的人，都覺得自己本意是好的。

這些人沒有說相聲的命，還非要讓全人類做他的捧哏。然後，把嘴賤當幽默，把不知輕重當伶牙俐齒。

借余光中先生的一段話來說就是：「初見你這張吞象的巨口，我曾經幻想其中的深廣。不幸你後來每次張嘴，總讓人直窺見你的肚腸——既無黑墨汁，也無藍墨水，你患的原來是營養不良。而你偏偏愛隨地吐痰，以表示你的慷慨大量。」

對於不會說話的人，我也只說四點：

一、話少的你遠比話多的他看起來要聰明，因為你把很多蠢話都藏在心裡了。笨嘴拙舌就踏實做人，木訥少言就用心去聽。

二、先分析一下對方是虛偽，還是情商高（情商高是不讓別人尷尬，虛偽是不想讓自己尷尬）；再分析一下對方是油膩，還是幽默（幽默是在和你開玩笑的同時又捧了你，而油膩是在和你玩笑的時候貶低了你）；最後問問自己：我願意成為那樣的人嗎？

三、盡可能地對自己誠實，不自命不凡，也不妄自菲薄，並堅信努力可以帶來好運氣，相信真誠可以交到好朋友，深信善良是個好東西。

四、隔三差五就讓你暴跳如雷的人，你還把他留在朋友圈裡，你家是缺打火機嗎？不要覺得捨不得，不要被食之無味棄之可惜的東西牽絆，人生真的很寶貴，浪費也要浪費在讓你覺得美好的人和事上。

希望你早日明白：刪除或者封鎖，都是在做垃圾分類。

4

朋友在外面吃虧了，你不要張嘴就說「吃虧是福」。

你得知道，「替人大度」是很沒禮貌的行為。你沒有資格以「置身事外」的心態說「沒必要」和「不至於」之類的話。

最危險的關係就是，從來不去了解對方的真實需求就把自己的意見「砸」在對方臉上。

老闆正在為某個決策傷腦筋，你就別想當然地分析這個，分析那個，然後自以為是地說「這太簡單了」。

你得知道，老闆要對最終結果負責，所以做決定的時候就會「因為權衡利弊而顯得特別笨拙」，而像你這種不必對結果負責的人只是「因為輕飄飄地說這說那才顯得絕頂聰明」。

專業人士在做專業的事情，你就不要用自己的涉獵去挑戰別人的專業和專業的人打交道，你只需要信任他、配合他，而不是裝作專業的樣子，以顯示自己無所不知的博學，又或是展示自己不可替代的地位。

最使人受不了的交往莫過於「從來不停下來想一想」，以及「從來不想停下來」。

和一個特別敏感的人相處，你不能太過於隨便。

你不知道他的人生中到底發生了什麼，就不能亂說話，亂開玩笑，就算他看起來非常開朗，非常優秀，非常和藹，他的心裡也始終懸著一條線，時刻在提醒著他：「如果這條線被人觸碰了，那我就崩潰了。」

所以你平時張嘴就蹦出來的一句評論，有意無意開的某個玩笑，在你看來「這沒什麼」，但在別人那裡可能是「致命一擊」。

每個人覺得委屈或者崩潰的標準是不一樣的，不要因為「我覺得這沒什麼」就看輕別人的感受。

如果你想說什麼就說什麼，完全不考慮別人的感受或者社會影響，那麼即使你說的是真的，但是你說出來的話的後果是讓別人不爽了，讓問題懸而未決甚至惡化了，那你就是做人有瑕疵！

所以我的建議是，少攬和別人的正事，哪怕你覺得自己掌握了人世間的真理；少管別人的閒事，哪怕別人表現出很需要你關心的樣子。

不在個子不高的人面前討論個子高的好處，不在體重偏重的人面前談肥胖的壞處，不在失戀的人面前秀恩愛，不在家庭不幸的人面前談父母的恩惠。

慢慢你就會明白：十之八九的欲言又止在日後想來都會萬分慶幸，而絕大多數的心直口快在事後回憶都會後悔莫及。

生而為人，我們要對自身的弱點不斷反思，不能把「肆意妄為」或者「口無遮攔」當成了「做自己」。

與此同時，我們也要對人性的弱點給予包容，不能把「鼓勵每個人去做的事情」變成「對每個人的要求」。

一個人就算是沒有出息，就算是一生碌碌無為，但如果你能做到：不乘人之危，不落井下石，不利用別人的善良，不辜負他人的真誠，不在別人的事情上指手畫腳，不因為別人比自己過得好就在背後使壞，這樣的你就已經在做人的層面上打敗了很多人！

09

在把事情澈底搞砸之前，人總是「作得一手好死」

1

表弟發了一個朋友圈：「曾經，有一段美好的大學時光擺在我的面前，我沒有好好珍惜，等到失去了才後悔莫及，人世間最痛苦的事情莫過於此，如果上天能給我一個重新來過的機會，我一定會對曾經的自己說：別玩了，再玩你就廢了！」

我默默地按了個讚，結果他發了微信給我：「表哥，你說我怎麼就混成現在這副德行了呢？」

我回覆道：「就算你是天縱奇才，也敵不過你這一身懶肉。」

表弟絕對算得上是天才，從小學到高中，他的成績就沒跌出過班級前三，並且是非常輕鬆地考上了理想的大學。

然而，他的人生目標似乎也停在了「考上一所理想的大學」，因為他已經畢業一年多了，連一份正經的工作都沒找到。

上大學的他，每天的內心小劇場大約是這樣的：

「不去上課也不會有問題吧，嗯，不去了」；

「不起床也不會怎麼樣吧，嗯，接著睡」；

「不吃飯也不會死啊，嗯，不吃了」；

「不打招呼也沒什麼吧，嗯，假裝不認識吧」；

「被當了也不會怎麼樣吧，嗯，當就當吧」；

「衣服明天再洗也沒事吧，嗯，明天再洗」……

英語四六級考試馬上就要到了，他是單詞沒動力去背，模擬題沒耐心去寫，心裡還相當坦然：「就算這次沒過，下次再考唄，也不會怎麼樣。」

結果真沒過的時候，他還能自我安慰道：「反正有那麼多人都沒過，無所謂啦。」

他也曾想過要做一些改變，但常態卻是，上學期想著「寒假一定要重新做人」，寒假想著「下學期一定要重新做人」，下學期想著「暑假一定要重新做人」，暑假又想著「下一學年一定要重新做人」。

結果大學混完了，學校沒有教會他重新做人，輪到社會教他重新做人了。

是的，畢業是個殘酷的季節，不管你有沒有成熟，都會被一同收割。

很多人理想中的大學生活是這樣的：可以遇見幾個貼心的室友，然後建立起天長地久的友誼；可以加入很多社團，參加豐富的社團活動；可以安靜地在圖書館裡看書，不斷地充實自己；可以擁有一段純潔的戀情，甜蜜而且純粹。

總的來說就是，每天都很充實。

但現實中的大學是這樣的：能談心的還是昨日的老友，室友只是室友；每個學期只有考試前的一週是忙碌的，其他時間完全不知道要做什麼；上課經常不記得帶書，但總記得帶手機；沒有戀愛對象，只有戀愛幻想；每天都在有限的金錢中，無限地暢想未來。

總的來說就是，每天都在混。

大學確實很好混，你可以躲過爸爸媽媽期待的眼神，可以躲過老師尖銳的眼神，以為「大家都這麼混」就沒有什麼問題，以為「拿到畢業證書就是人生巔峰」。

然後，在畢業的那一刻，你會突然發現，曾經和自己同分考進大學的某某拿到了全額獎學金，曾經和自己一樣喜歡玩遊戲的某某考上了名校的研究生，曾經和自己一樣內向的某某被一家大公司錄用了……而你，只能想著用考研究所來逃避現實。

我猜你可能搞錯了，「拿到畢業證書」和「找到理想的工作」，這是兩碼事。

不管你是什麼大學畢業，畢業證書更像是一張收款憑證，它僅僅只能說明你的家人為你讀書花了錢，你的青春為你的學業花了時間，但這並不能說明你讀了書、長了見識，更不能保證你有一個順利的求職過程。

求職的時候，你可能會用「我能做什麼」來判斷或者定位自己，而用人公司只會用「你曾經做了什麼」來判斷和定位你。

如果你大學期間的大部分時間不是花在上課、讀書、思考、備考、了解社會、參與實習，而是花在吃飯、睡覺、戀愛、遊戲、八卦上，那麼你憑什麼讓一家公司相信，你比那些沒有念書的人更優秀？

換言之，決定求職結果的絕不是面試的那幾分鐘，而是整個大學四年你是怎麼過的。

所以我的建議是，該上的課要按時去上，學校既然開設了這個課程，那就有它存在的意義。而且，曠課這種事情一旦開了頭，就沒有結尾。

該看的書籍要抓緊時間看完，別等到要考試的時候發現什麼都不會。你得知道，考試之前沒有做到「哪裡不會點哪裡」，那麼考試的時候就會發現「哪裡不會考哪裡」。

人生的前半場越嫌麻煩，越懶得累積和精進，人生的後半場就越有可能錯過讓你心動的人和讓你想做的事。

怕就怕，道理你都懂，終於下定決心去跟拖延症宣戰：「拖延症，我要殺了你！」

結果拖延症提議道：「明天行嗎？」

你想了想說：「行。」

2

老莫剛開始工作的時候一直想當「勞模」（勞動模範），結果卻是越老越拖泥帶水。

經常出差的他，已經有三次坐飛機因為沒趕上航班而不得不改簽，至少有五次坐高鐵是因為遲到而在驗票口被攔了下來，還有無數次是快要出門的時候才想起來要整理行李，最後不是忘了帶身分證，就是忘了帶手機……

我曾笑他：「你這拖拖拉拉的精神真是像極了熊貓，明明就沒有天敵，卻偏偏把自己作成了瀕危物種。」

也不知道是不是因為我這烏鴉嘴的緣故，這句玩笑話才說出來沒幾天，老莫就被降職了。

事情是這樣的，身為公司管理層的他每天都必須完成一份安全報告，這原本是一個僅需五分鐘就能做完的小事，他卻有半年沒寫了，而老闆突然說要檢查。

沒辦法，他只能通宵補寫。為此，他還買了一堆吃的喝的來犒賞自己。看著這一大堆的零食，他的內心其實是很激動的，有一種「我要幹一番大事業」的澎湃感，然而到了凌晨三點，他就睏得懷疑人生了。

迫不得已之下，他翻出去年的安全報告來蒙混過關，結果老闆一眼就看出來了……

在處分報告的結尾，老闆寫的評語是：「不管做什麼事，給人的印象就是，還沒有出發，就已經遲到了。」

我問他：「你這愛拖拉的臭毛病能不能改一下呢？」

結果他反問道：「不是都說，deadline（最後期限）才是第一生產力嗎？」

我毫不客氣地回覆道：「恕我直言，像你這種懶傢伙，deadline絕對不是第一生產力，它只是給了你把一堆做得亂七八糟的東西交上去的勇氣而已。」

身處困境之中，既要思考「我該如何脫離此地」，還要思考「我是為何淪落至此」。

其實我想說的是，靠拖延得到的快樂是個短命鬼，但因此出現的焦慮卻是個老不死的。

明明有事要做，卻又覺得沒那麼著急，所以先放著；明明可以今天做完，卻又覺得「晚一天也沒關係」，所以「明天再說」。

結果是，吃到撐著了，才想起來減肥；薪水花光了，才想起來賺錢；跟別人分手了，才想起來好好珍惜；發現某某從生命中消失了，才想起來要好好告別。

和下屬之間不得不談的事情，非要等到別人決心要辭職的那天才說出口；不得不做的工作，非要留到老闆發脾氣了才盡力去做。

總的來說就是，不到最後一刻，你就絕不開始；不到三令五申，你就絕不完成。

一年的工作計畫，你前十個月都在夢遊，還剩兩個月的時候才有了緊張感，然後告訴自己要努力，可是東搞西搞了一個月，還是一點效果都沒看到；等到只剩一個月的時候，焦慮鋪天蓋地，你越急切，做得也越糟糕；最後，你說老闆沒良心，說老師太狠心，說社會沒人情味，說命運對你太刻薄……羞不羞？

天天想著要出人頭地，結果春天結束了，什麼都沒有發生；夏天過去了，什麼也沒有改變；秋天過完了，什麼都沒有擁有；冬天收場了，什麼也沒有出現。

緊接著，二十歲散場了，你還是一無所獲；三十歲閉幕了，你還是手無寸鐵……於是你的人生常態就是：事事如意料之外，年年有餘額不足。

我想提醒你的是：該做的事情不是波爾多紅酒，不會隨著時間的流逝而變香。如果你不著手解決它，它可能會換一種方式解決你。

你不肯花力氣去背的單詞，總有人能背下來；你不願花時間去做的題目，總有人早早地做了；你喜歡拖到明天才做的事情，總有人今天就出色地完成了……

結果是，你想去的學校只能讓別人上了，你想要的職位只能讓別人占了，你想過的人生也只能讓別人過了。

在你不斷強調「不好的事情都會過去」的同時，希望你能明白：好事也會過去。

所以，精神狀態很好、身體很健康、心態很平和、時間很充裕的時候，要抓緊時間學習或者工作，而不是等到狀態不好、有了病症、情緒失落或者時間緊迫的時候再去努力，那只會事倍功半，甚至是功虧一簣。

面對不得不做的事，一定要集中注意力，速戰速決，這樣才能避免被它消耗大把的時光，這樣才能騰出精力做自己想做的事。

既然注定要被噁心一下，那最好的對策就是，把噁心的時間縮到最短；反之，你把時間碎屍萬段，你的時間就一文不值。

如果有一天，你發現明天要做今天的事情，後天又要做明天的事情，那麼你的生活距離一團亂麻就不遠了。

3

一位編輯朋友曾跟我講過一個好玩的事情：某本書大賣了，就會有一批人懊惱，因為他們也曾有過類似的想法，但一直沒有操作，結果別人做出來了，而且賣得特別好，這些人就會痛苦地後悔著。

對此，他一針見血地指出：「一個好點子，可能有一千個人早就想到了，可能有一百個人打算去做，但往往只有一個人真的做了，那麼，活該另外九百九十九個人後悔！」

拖延會營造一種錯覺，讓你以為自己還有機會，還有時間，以為一切都在自己的掌控之中。

比如說，「這篇論文花不了多少時間，我不可能寫不完的。」「這只是個簡單的任務，晚點做就行，我不可能出什麼事的。」「我們這麼多年的關係了，不談條件也沒問題，他不可能會介意的。」「我領先他那麼多，今天休息一下也沒什麼的，他不可能超過我的。」「我和他心有靈犀，有誤會也不用急著解釋，他不可能會離開我的。」

如果有人要求你用一句話來形容自己的拖延症，相信很多人的答案都是：「明天再告訴你。」

拖延的本質是逃避，抱著「能拖一天是一天」的心態工作，或者是抱著「做一天和尚撞一天鐘」的心態假裝努力。

等到機會被別人搶走了，你就跳出來哀怨，說自己倒楣，說別人不過如此，然後，你還是繼續任由一個個機會擦肩而過……

等到被上司問責的時候，你就拋出一句「我最近太忙了」、「我心情不太好」、「我不太舒服」……然後掉入「我好煩」、「我壓力好大」、「我不知道該怎麼辦才好」的情緒深淵中。

等到需要總結近期的工作成果時，你就安慰自己說「慢工出細活」，但實際上，很多人所謂的「慢工」其實就是停工，所以不可能出細活。

更大的可能是，你在截止日期的前幾天，急忙慌亂地弄出一個粗製濫造的東西來應付差事，僅此而已。

更可怕的是，因為拖延的緣故，你永遠都不知道自己會失去什麼，你也永遠不知道自己會比想像中最差勁的樣子還要再差勁多少！

問題是，你的確可以暫時地逃避現實，但是你終究無法逃避這樣做的後果。

你本來一天就可以做完的事情，如果別人要你下週一交，你一定會拖到最後一刻。

週一到週五，你想著還有週六和週日，就悠悠哉哉地荒廢了；等到了週六，你想著還有週日，就踏踏實實地又「癱」了一整天；等到了週日的早上，你覺得還有下午和晚上，就繼續拖；等到了下午四、五點，你終於有那麼一點點慌了，但很快就穩住了，因為你心裡想的是：「大不了晚上熬個夜」；等你慢吞吞地吃完晚飯，散完步，刷完微博熱搜，再跟曖昧的某某說完「晚安」，回到電腦前，已經是晚上十點多了，你終於開始做正事了。

你原以為是兩個小時就能搞定的事情，做起來才發現困難重重，這個地方需要權衡和思考，那個地方需要查查資料……於是，你越來越煩躁，從最初的嘀咕慢慢演變成了抱怨，再升級成詛咒。

就這樣，原本是能夠輕輕鬆鬆就完成的事情，被熬得滿眼通紅的你拖到凌晨四點半才勉強弄完了。

而這一週，因為這件事情沒有做完，所以你玩得不痛快，也睡得不踏實。

而下一週，因為這件事情是著急趕出來的，所以它的品質無法保證，你會因此挨罵，甚至是被要求重做。

你看，在把事情澈底搞砸之前，你總是「作得一手好死」。

仔細想想，其實你最大的敵人就是拖延，它包括了你無法自拔的不健康的作息和飲食習慣，你慢慢養成的僥倖心理和壞邏輯，你行動上的左顧右盼和思想上的瞻前顧後。

如果你能打敗拖延，你還怕什麼？

拖延不會讓你一下子一無所有，但會在不知不覺中減少你的收穫；勤奮也不會讓你一夜成功，但會在不知不覺中累積成功的本錢。

4

有個鬱鬱不得志的年輕人問我：「在北京漂泊了五年，依然一無所有，現在是去深圳或者上海試試，還是直接回老家算了？」

我回覆道：「別想著去哪個城市更好，你該想想怎麼提升自己的核心競爭力。限制一個人發展的，從來都不是環境。」

一個很有野心的創業者問我：「公司已經成立了一年多，但各項業務還是一團糟，現在是該淘汰一批員工，還是直接讓公司倒閉算了？」

我回覆道：「別把責任推給員工，多想想自己在管理上的漏洞以及決策上的失誤。限制一個公司發展的，從來都不是下屬。」

我想說的是，對個人來說，平庸或者卓越，都是經由自己允許才發生的；對公司而言，蒸蒸日上或者步履維艱，也都是經由老闆允許才出現的。

很多人一生勤勤懇懇，最終卻碌碌無為，有一個很重要的原因是：在最重要的事情或者事情最核心的部分偷懶了。

比如，你風雨無阻地上下班，但上班時的心思全用在影劇或者明星八卦上；你尊敬主管，團結同事，善良禮貌，熱情待人，但是一做本職工作就馬馬虎虎，漏洞百出；你節衣縮食地報了一個進修課程，結果上課的時候總是魂不守舍；你花了大錢請了一個健身教練，結果拉伸的時候敷衍了事，舉重的時候蒙混過關；你拿出寶貴的時間回家看望父母，但全程都在玩手機，或者接打電話；你殫精竭慮地經營一個小公司，事必躬親，任勞任怨，但經常無視效率；你費心費力地開了一家餐廳，花了大把的時間、精力和金錢用於裝潢，但根本不在乎飯菜好不好吃……

因為你在最關鍵的事情上偷懶了，所以辛苦和努力的結果會大打折扣，甚至近乎零！

那麼，如何判斷一個人是否優秀呢？你就看在問題出現時，他是在做選擇，還是在做反應。

所謂「做選擇」，就是當問題還沒有很嚴重的時候，他知道這樣拖下去是不對的，於是主動喊停，然後調整方向，或者解決問題。

而所謂「做反應」，就是任由問題發展到無可挽回的程度，他終於受不了了，於是爆發了，或者是跟人翻臉，或者是乾脆不要臉。

類似的問題是，如何判斷一家公司是否優秀呢？你就看員工的工作狀態如何，他是動力十足，還是行屍走肉。

所謂動力十足，就是他每天早上醒來就知道自己今天該做什麼，知道哪些事情是必須要完成的，哪些事情是需要馬上去協調的，並且他很確定，這些努力能為公司和自己帶來好處。

而所謂行屍走肉，就是他不知道自己要做什麼，不知道怎樣才算是完成任務，就是他即使花了大把的時間做完了，他也不覺得這對公司或者對自己的職業生涯有任何的意義。

其實，優秀的人或者公司往往都自帶「拖延抗體」。

他們有不吃老本的決心。就算自己做出了成功案例，也還是會選擇革新自己；就算已經有了一點成績，也不會因此而故步自封。

他們有和時間賽跑的先見。就算時間還很充裕，也會選擇盡早完成任務；就算別人都慢慢吞吞，也不會因此而放慢節奏。

他們有和自己較勁的偏執。就算別人都覺得可以了，也還是要求精益求精；就算今天過得還不錯了，也還是會有很強的危機感。

這世間，哪有什麼突然間的出類拔萃，都是日積月累之後的正常發揮；哪有什麼習慣性的末節崩盤，都是心存僥倖導致的自作自受。

10 不是人的腦子只用了10%，而是只有10%的人用了腦子

1

如果有人做一個「物種的瀟灑程度排名」，我想貓和人肯定會名列前茅。貓真的很了不起，不論你怎麼對牠好，牠永遠都是一副看不起你的樣子。而人更是了不得，花了幾萬年時間才長出了腦子，卻經常選擇不用。

替腦子向人類提提建議：別給腦子丟人！

2

建議一：不要隨便評論別人。

一天中午，阿左突然打電話給我，說他快要氣死了。

阿左是一位小有名氣的美妝博主，他每天的工作就是在微博上發布一些關於美妝的技巧，再不就是發一些獨自去覓食的小趣聞，在這之間再發幾則廣告。

他賺得比誰都多，活得比誰都灑脫，然而就在剛剛，一個好久沒聯絡的大學室友突然就聯絡上阿左了，還一點都不見外地對他說：「你一個大男生做女生的事情，是不是找不到工作啊？」、「你天天一個人吃飯，是不是沒什麼朋友？」、「你長得也一般，怎麼有勇氣做美妝這個行業？」

一開始，阿左表現得很客氣，回覆也很認真，比如說美妝是自己的個人愛好，比如說單身是自己的選擇，比如說一個人吃飯很享受。

對方卻不依不饒，在一通充滿了偏見的評論之後，還提議阿左趕快換個工作，甚至還拍著胸脯說能為阿左安排工作，然後再三強調：「男人得有男人的樣子。」

阿左越想解釋自己這麼活著挺好的，對方就越堅定地覺得阿左不正常。

最終，兩個人不歡而散。

阿左在電話裡問我：「對於這種完全不了解情況，卻喜歡品頭論足的人，我要怎麼才能說服他呢？」

我反問道：「你為什麼要說服他？」

其實我想說的是，唾沫是用來數錢的，不是用來講道理的。

你講的是「司馬光砸缸」的故事，他連聽都沒聽說過，一上來就打斷你，然後一臉正義地質問：「司馬光為什麼要砸缸？他把石頭扔到缸裡，不就能喝到水了嗎？」你還跟他計較什麼？

每個人身邊大概都有那麼幾個自作聰明的人。

他們喜歡用居高臨下的姿態，用沾沾自喜的語氣，用非常有限的見識去評斷周圍的一切，用他們並不健全的「三觀」去套這個世界，套得進去的就是「三觀正」，套不進去的就是「三觀不正」。

他們對於能理解的東西總是忍不住地賣弄，對於不能理解的東西統統視為「不正經」。

他們尤其喜歡對一些自己不了解的東西胡亂評論，反倒是對那些千百年來人類總結出來的寶貴經驗和各種專家學者進行的考證都視而不見。

他們憑藉自己所剩不多的知識，就敢對自己不懂的東西大談特談。

他們遇到看起來不符合自己喜好的人和事就急著貶低，好像踩著什麼東西就能把自己墊高一樣。

所以，無論你活得多麼謹慎，總是有人能扭曲你的意思；一件事無論怎麼做，都會有人不滿意的；一種人生無論你怎麼努力，都會有人看不慣的。

更常見的是，在你眼中這是生活，在他們看來純屬浪費；你溫柔，他們覺得你太裝；你正直，他們說你太不知變通；你開朗，他們說你是交際花；你喜歡旅遊，他們覺得你亂花錢……

換言之，絕大多數人並不是真的想了解你，他們只是想從你的人生中找出一點破綻來。

他們無法想像「世界上居然還有自己不知道的世界」，所以他們稍微遇見一點自己不能理解的事情就會四處嚷嚷「太噁心了」。

但問題是，每個人都有自己的航線，站在自己的船上，指點別人的船往哪裡開，總顯得不是那麼厚道。

事實上，你既不可能也沒必要讓他們對你滿意，你只需盡量讓你在乎的人和你喜歡的人對你滿意就好了。

你只需努力去過好自己認為對的生活，然後盡量不要跟別人強調什麼生活是對的；你只需過好你自己的生活就好了，而不是忙著告訴別人「我在幹嘛」。

就好比說，你只需努力成為世界上最甜的那顆櫻桃，但同時明白，這個世界上總有人不喜歡櫻桃。

藝術家陳丹青曾說過：「沒必要讓所有人知道真實的你，或者是你沒有必要不停地向人說其實我是一個什麼樣的人。因為這是無效的，人們還是只會願意看到他們希望看到的。我甚至覺得，你把真實的自己隱藏在這些誤會背後還挺好的。」

所以，自己喜歡的，要允許別人不喜歡；自己不喜歡的，也要允許別人喜歡。喜形於色，厭藏於心。

3

建議二：不要無視規則。

有一次坐計程車的時候，廣播裡正在報導著一起交通事故。大意是，某男子騎著電動車逆向行駛，與一輛大貨車迎面相撞，幸運的是，該男子沒有大礙，只是有一點擦傷，但他的電動車幾乎報廢了。

交通警察的處理結果是：事故由該男子負全責。但男子並不認同，廣播裡還播放了男子的原話：「我這麼多年都是這樣騎的，別的車都會讓我，這輛大貨車憑什麼不讓我？他得賠償我的損失才對啊！」

這時候，一路上都很安靜的司機開口了：「你逆向這麼多年都沒事，那是老天照顧你，不是你做得對。我要是你，我現在就回家燒一炷高香，謝謝老天又饒了自己一命！」

大概是因為太過贊同的緣故，我的腦子裡竟然湧出了一個非常衝動的念頭：我要請司機吃飯！

無視規則的人給人的印象就是，他的臉看起來很有嚼勁。

在這種人的眼裡，沒有一個紅燈是不能隨便闖的，沒有一條馬路是不能任意橫行的，沒有一條火車軌道是不能穿越的，沒有一片海是不能下去玩的，沒有一節高鐵車廂是不能吸菸的，沒有一架飛機是不能攔的……

在這種人的生活中，沒有什麼隊伍是不能插的，沒有什麼地方是不能吐痰的，沒有什麼場合是不能喧譁的，沒有什麼考試是不能作弊的，沒有什麼動物園是不能翻牆進去的……

然而我想提醒你的是，紅綠燈、警告牌、警戒線不是為了好看，法律、法規、程序也不是鬧著玩的，它們的存在就是為了保護你的身家性命，它們不是為了限制你，不是故意要拖累你，更不是逼著你走彎路或者浪費你的時間。

傳奇機長薩倫伯格在將飛機史詩般地迫降到哈德遜河之後，曾說過這樣一句話：「航空領域的所有知識、所有規則、所有程序，它們之所以會存在，都是因為曾經有飛機在某個地方墜毀過。」

活在人世間，人就像是在一間小黑屋裡摸索。你不知道這間屋子有多大，也不知道屋子裡有什麼，你只能伸手去試探，遇到燙手的、扎手的，你疼了一下，就知道哪裡不能碰了。

但是，如果有人提醒你：「危險的地方，我都替你試過了，現在由我來告訴你哪裡不能去，哪個地方有危險，你就聽我的好不好？」你肯定會說：「好啊！」

這就是規則！

無論是什麼行業，無論是什麼身分，都應該謹記：破壞規則的事情做多了，一定是走不遠的。

規則很冷酷，也有點不近人情。你跟它對著幹，它會讓你吃盡苦頭；但是，當你遵守它，它就是你最可靠的鎧甲，能為你擋住生活中的明槍與暗箭。

比如說，你遵守交通規則，它能護你一路平安；你遵守法律法規，它能保你安然無恙；你遵守職場規則，它能讓你旗開得勝……

反之，你違背規則，規則就會在你不經意的時候給你致命一擊。

你是羊，就得服從牧羊犬的管束，而不是到處抱怨：「為什麼要剝奪我的自由，為什麼狼不守規則還天天有羊吃，而羊守規則卻要天天被剃毛？」你得知道，狼吃掉的正是那些不守規則的羊。

活在人世間，就應該嚴守界限，遵守規則。在規則之中做人，按契約做事，不傷人，不僥倖，這個世界才不會成為張開的虎口，讓每一個人都充滿危機。

4

建議三：未經允許，不要隨便幫助別人。

聽過一個讓人笑不出來的笑話。說是有個老大爺，老伴早些年沒了，他退休之後就經常寫信給自己的初戀，很認真地寫，很認真地寄，每天心情都很美麗。

他的兒子知道了，被父親的行為感動了，就費錢費力地到處登報尋找父親的初戀，結果硬是把一個滿臉皺紋、頭髮斑白的老太太帶到了他父親面前。

從此以後，老大爺再也沒寫信給初戀了，美好的晚年也就這麼毀了。

這就是愚蠢的善意。

你以為自己是「為了他好」，其實是自我感覺良好地把別人推進了尷尬的境地。

你確實很用心，也確實花了力氣，但你沒有考慮別人的需求，也沒有考慮這麼做會造成什麼後果。

你以為幫助了別人，自己就是個心安理得的好人；你以為說了幾句同情別人的話，自己就能對別人的生活感同身受了。

所謂心安理得，是理得了，才會心安；所謂感同身受，是身受了，才會感同。不要搞錯了順序。

比如，一個拄著拐杖的殘疾人士，他真正需要的其實是不被打擾，而不是被差別對待。因為你當眾對他的關懷備至會讓他覺得自己是個需要被人同情的弱者，這會讓他覺得自己很差，而且不幸。

比如，一個得到資助的學生，他真正需要的其實是「無視」，而不是變得眾所周知，因為你邀請他上臺向師生們公開感謝，或者把他的悲慘生活公之於眾，這只會讓他覺得自己很窮，而且丟人。

又比如，有人離婚了，她可能正在為自己脫離苦海而高興呢，你就不要到處張羅著幫她找下家，然後還自以為善良地覺得：「哎，一個人多苦啊！」

又比如，有人失戀了，她可能只是做了一個很痛快的決定，你就不要提醒她「遇到的是渣男」，或者鼓勵她「哭出來吧」。

同樣的還有，那些風吹日曬去送貨的快遞員，那些在烈日驕陽下吆喝的果農叔叔，那些在熱鬧街頭賣唱的男男女女，不要隨便同情他們，更不要隨便在腦海裡假設他們的不如意。

任何事情，除非是對方主動開口請教，否則不要隨便指點別人。不論你是真的比對方高明，還是僅僅是你自以為比對方高明。

任何時候，當事人沒覺得怎樣，旁人也不必多想。

怕就怕，你的幫忙並沒有解決什麼問題，而是在製造另外一種傷害。

怕就怕，你的同情並不是因為「我很擔心你」，而是披著真誠外殼的「我在看你的笑話」。

人性的醜陋之處就在於：既輕信他人，又充滿了懷疑；看似軟弱，卻又非常頑固；自己的事情打不定主意，卻能信心十足地為別人指點迷津。

但實際上，你認為過得不好的人，他們並不需要同情，他們也並不可憐，他們只是工作和你不一樣，他們只是想法和你不一樣。

他們並不需要你做什麼，他們需要的不過是一份不打擾的尊重。

切記，我們站著，不說話，就不會腰疼！

來，跟我一起唱：

小燕子，穿花衣，年年的春天來這裡。

我問燕子：「你為啥來？」

燕子說：「要你管！」

5

哦，對了。

已經有無數的科學家相繼發聲，認定「人類的大腦只開發了10%」只是一句廣為流傳的謠言而已。

也就是說，我們犯糊塗，我們充滿偏見，我們好心做壞事，我們自以為是，不是因為我們的腦子沒有完全開發，而是全都開發了，也就這樣！

11

只有被人念念不忘，才有資格下落不明

1

談一場戀愛，有的人變成了貓，特別溫順；有的人變成了老虎，特別囂張；有的人則變成了被雨淋濕的小狗，特別可憐。

此時正坐在我對面，「戴著」一副黑眼圈的燕子就屬於最後一種變法。

兩個月之前，燕子和男朋友分手了。對方先追求她，對方先提分手。

他們在一起三年六個月零七天，她用盡了最好的三年，換來的只是對方同意「和平分手，互不封鎖」。

剛開始的時候，燕子對前任說：「如果有什麼好玩的事情記得跟我分享，心情不好也可以告訴我，如果都沒有，一個晚安也行。」對方沒有理她，她傳了一個「晚安」給對方。

後來，她對前任說：「昨天跑步扭到腳了，今天左邊小腿都腫了。」對方依然沒有理她，她照舊傳了一個「晚安」。

直到分手的第四個星期五，她對前任說：「今天加班到晚上十一點多，一個人回家真的很害怕，以前都有你接我。」

就在她準備再傳一個「晚安」的時候，她發現對方已經把自己封鎖了。

她不解地問我：「他怎麼能這麼狠心？怎麼說我們也曾相愛過啊。」

我反問道：「你吃過泡泡糖嗎？不甜了，你是不是就吐掉了？」

她說：「可是，我真的好喜歡他。」

我回覆道：「不管你是蒸（真）的、炒的，還是煮的、烤的，他已經不喜歡你了，你做什麼都是鹹（閒）的。」

殘酷的現實是：他若是愛你，你稍微皺皺眉，他就想帶你去看醫生；他若是不愛你，就算你為他上吊了，他都覺得你是在盪鞦韆！

事實上，一個人喜歡你，並不等於只喜歡你，更不等於永遠喜歡你。

既然他在說「我喜歡你」的時候，你深信不疑了，那麼他在說「我已經不喜歡你了」的時候，也請你不要矢口否認。

你一個人念念不忘是因為曾經很愛很愛過，那段回憶鐵證如山。但如今再回想起來，卻發現那時的他已經沒了蹤跡，只剩自己在老故事裡明察暗訪。

你可以明察秋毫，但關於他的一切，你最好是別再有任何期待。因為世間一切皆可努力，唯獨相愛全憑運氣。

感情之路上摔了一跤，首要任務就是抓緊時間起身離開現場，而不是蹲在原地欣賞那個讓你摔得人仰馬翻的坑。

所以，不要被自己的一廂情願所感動，不要試圖從自己身上找出分手的原因，更不要沉浸在分手的痛苦中，誤以為這就是對愛情的忠貞。

你得明白，癡情不是美德，卑微不是本錢，戀戀不捨也不是功德。有緣無分的時候，好聚好散是最體面的結果。

至於你表現出的深情厚誼，如果他不屑一顧，那很正常。

不是早就有人說了嗎？你跋山涉水去見的人根本就不會在乎你，他只會在乎他跋山涉水去見的人。

畢竟，人和人終究是不同的，你冒著風雪送來的晚餐，遠不如某某隨口的一句「晚安」。

感情的世界就是這麼不公平，有的人為了你傾盡所有，你卻連看都不願意看他一眼；但有人只是對你微微一笑，卻足以讓你連滾帶爬地為他縱身一躍。

如果某天，他突然問候了你，請你不要覺得自己又有希望了，因為決心要走的人和死人沒什麼兩樣。

一個死人跟你搭話，你有什麼好高興的？

你媽把你養得這麼珍貴，難道是為了便宜別人？

分手就酷一點，真的沒必要傳那麼多矯情的話，對方已經不在乎了，你傳遺書也沒用。

2

有的時候，一見鍾情就像是飛來橫禍。

只是因為在朋友的生日會上遇見了，只是因為寒暄了一句「很高興認識你」，周小倩就被那個乾乾淨淨的帥氣男生迷住了。

她主動加了男生的微信，熱情地做了自我介紹。隨後的幾天，她又不厭其煩地問候對方，並死皮賴臉地邀請對方一起出來玩。一開始只是三五成群的朋友聚會，後來就成了他們兩個人的私下約會。

曖昧上頭的時候，真的像極了愛情。

男生用過她的護唇膏，用她的杯子喝過水，在過馬路的時候牽過她的手腕，大小節日都會送上祝福和禮物。

他們一起逛過街、看過電影、做過陶藝，一起在鬼屋裡大聲尖叫，一起守著零點跨年，他們每天互道早安和晚安，天涼了還會互相叮囑穿衣保暖。

可就在周小倩以為他們會順理成章地在一起時，她突然得知，男生在跟他一起做這些事情的時候，是有女朋友的。

周小倩哭成了淚人，在徹夜未眠加上一整天沒吃東西之後，她鼓起勇氣找男生求證：「聽說你一直都有女朋友？」

男生只回了一個字：「嗯。」

她又問：「那怎麼沒有聽你說過？」

男生的回答依然簡潔：「你也沒有問過。」

然後，她就把男生封鎖了。她覺得憤怒、難過，還有那麼一點噁心。憤怒的是男生的冷漠，難過的是自己動了真心，噁心的是差點成了小三。

當然，封鎖的目的一方面是為了讓自己澈底死心，另一方面是希望對方能來找自己。

然而過了一個星期，男生既沒有打聽過周小倩，也沒有在社交軟體上表現出半點憂傷和困惑。

周小倩對我說：「我連他一則只有兩秒鐘的語音都要聽幾十遍，我的腦子裡都是他，一聽到他的名字或者看到關於他的消息時，心臟就像是被人打了一棍子，能痛上一整天。然而可笑的是，我拚命地躲著他，而他似乎不受半點影響。」

我回覆道：「玩躲貓貓這種遊戲，你得確定有人在找你。」

其實我想說的是，既然你是個打醬油的角色，就不要強行幫自己加戲了，當過客要有當過客的自覺。

我知道你意難平，知道你不甘心，你可能會覺得：

「耶誕節的時候，他明明就傳給我一段很美好的祝福了啊？」

「下雨的時候，他明明就把雨傘都歪在我這邊了啊？」

「吃飯看電影的時候，他明明就說我喜歡哪個就選哪個了啊？」

脾氣上來的時候，你恨不得揪著對方的衣領把一切都問個明白。

直到有一天，他牽著另一個人的手出現在你的面前，你這才清醒過來：

原來，他禮貌地回應是因為自己加上了「他喜歡我」這種特效才顯得那麼曖昧的。

原來，他陪著自己不是因為喜歡自己，而是因為他那段時間沒有人陪；他和自己那麼聊得來，不是因為自己特別，而是因為他和很多人都聊得來。

原來，他和自己擦肩而過並不是哪個神仙的巧妙安排，他對自己微笑也並不是一見鍾情了，而可笑的是，自己卻在思考：要不要假裝矜持一下再接受他，要不要約他去最喜歡的小店裡吃炸雞，要不要幫他生一對兒女再做個賢妻良母。

其實，他不是欲擒故縱，他只是需要人陪。就好比說，一個溺水的人會把救命稻草緊緊摟在懷裡，但他喜歡稻草嗎？未必，換成樹枝、木頭、海綿，都可以。

他就像十點五十分的飛機，像一天一趟的火車。他來晚了，你願意等他；但你來晚了，他就走了。

如果你願意一層一層地剝開他的心，你就會發現，裡面有他的新歡舊愛，有他的英雄夢想，就是沒有你。

你只是偶爾被人需要，並不是一直都很重要，而之後的你呢？

明明知道這是個連點讚之交都無法成為的人，卻還是會間歇性地因為他而出神；明明知道他的生活好壞、品味高低都跟自己毫無關係了，卻還是忍不住想知道他的近況，想吐槽他的穿衣打扮。

甚至還會矯情地四處訴說：「我還是很喜歡他，我用盡了所有的辦法，卻還是離他越來越遠，該怎麼辦啊？」

真的不能怎麼辦，你既然已經用盡了辦法，那就只能接受和他「有緣無分」的結局。你總不能天天去他的門口跪著，然後對他說：「求你了，喜歡我一下吧。」

他一邊拿著刀槍棍棒反反覆覆地傷害你，一邊責怪你「怎麼都這麼久了，還沒有練成刀槍不入的神功」。

而你還想著替他解釋，為他解圍。就好比說，他對你開了一槍，為了不讓他愧疚，殘存一口氣的你又幫自己補了一槍，然後安慰世人說：「看，我是自殺，跟他沒關係的。」

嗯，人類都一個德行，不喜歡就作威作福，喜歡就自輕自賤。

不如就酷酷地說一句：「以前打擾了，以後不會了。」

然後，趁早死心，趁早開心。

你得熬過那些黑漆漆的夜晚，你得把那些自憐自怨的念頭從腦袋裡趕出去。

然後，在第二天早上照常起床，假裝什麼事都沒有發生過一樣出門見人，繼續去追求你的喜歡和熱愛。

遇到一朵爛桃花了，你歇斯底里沒用，夜不能寐沒用，戀戀不捨沒用，唯一有用的是，乾脆俐落地終結它。

說不見面就真的不要見了，說封鎖就真的別再掛念了，你不能三天兩頭地背叛自己。

別說自己忍不住聯絡他，別說自己沒辦法走出來，只要捧得夠狠，每個人都有關機鍵！

3

有人在高鐵車站偶遇了前男友，她瞬間被嚇得渾身發抖，她一邊用力地壓低帽沿，一邊拖著行李箱往人多的地方竄，像個逃犯一樣慌不擇路。

她說自己也覺得奇怪，「明明他是個人，卻像是見著了鬼」。

有人在新公司的電梯裡看見了前任，他盯著前任看了好久，但對方顯然不想認出他來，而是全程在和旁邊的男生閒聊午餐要吃什麼。

他說從來沒有那麼難過，「以前，沒有什麼比見到她更開心了；現在，沒有什麼比見到她更難過了」。

有人在飛機裡看見了前任，他們在同一排的兩個靠窗位子，巧的是中間沒有乘客，但他們假裝沒看到對方，各自玩著各自的手機。快要降落的時候，男生突然對她說：「你的外套掉地上了。」她微笑著回了一句「謝謝」，然後掐著自己的大腿低聲說：「要冷漠，要冷漠。」

有人在分手的第三個月遇到了那個被自己傷害過的女孩，第一反應居然是慌忙地把手上的菸藏起來。

直到看到女孩一臉的錯愕，他才意識到，女孩早就不是自己的女朋友了，也早就不管自己抽不抽菸了。

有人和一位老鄉談了整整八年戀愛，從大學到職場，他們在異地相互取暖，但後來還是分開了。

每次聽說女生回了老家，老家這座城就成了他的禁地，不敢踏足半步……

關於前任，沒有攻略，為數不多的有用招數叫「斷尾求生」。從今往後，我們兵分兩路，你去找你的李師師，我去找我的梁山伯。

一個合格的前任應該是這樣的：像死了一樣消失在彼此的生活裡；不詆毀對方，也不詆毀自己；接受了對方已經不愛自己的事實，甚至接受了對方可能從來沒有愛過自己的假設；知道這段關係是雙方心甘情願開始的，對於這段關係的終結也願意負責；知道這場無疾而終的愛情並不意味著浪費了時間，而是說明彼此都有了充足的理由去重新開始。

怕就怕，在一起的時候，你千方百計地去尋找對方不愛自己的證據，而分開之後，你又用各種微不足道的東西來證明對方還愛著自己。

你失眠、難過，不想吃東西，做什麼都想大哭一場，你近乎病態地對折磨自己上癮，就好像折磨自己才能彰顯自己忠於愛情。

多照照鏡子吧，你這一副毫無生氣、滿臉幽怨的模樣，傻子才會喜歡你！

生活中難免會有遺憾，難免會有失去，難免會有被辜負，你要做的是往前走。

就好比說，你正在做聽力測驗，某個地方沒聽懂，或者錯過了，失誤了，你要做的事情不是一遍一遍地反覆推敲錯過了什麼，而是要把注意力放在後續的部分。

生活要往前走，迎面而來的問題多著呢！

你不在乎，就不容易被傷害；你變優秀了，就會遇到更優秀的；你有了底氣，就不會介意孤獨；你不介意孤獨，就能做到寧缺毋濫。

12 當你知道要去哪裡的時候，全世界都會給你添亂

1

有人發了一則朋友圈，吐槽最近的鬼天氣：「這老天爺是不是故意整我？一到下班時間就下大雨，難道我是傳說中的『招雨體質』？」

底下有人留言：「如果真有那麼靈驗，我想跟你約一下，我的老家正在鬧旱災，你可以過來住一陣子嗎？酬勞按照降雨量計算。」

這當然只是一句玩笑，但其實有很多人都有這樣的錯覺：一出門，就到處堵車；一下班，就馬上下雨。

但實際上，你不出門的時候也堵車了，你上班的時候也下雨了，只是因為沒有影響到你，所以被你忽略了。

類似的還有，你想減肥，一定會有人要請你吃大餐；你想存錢，一定會看到自己特別喜歡的包包；你想跑步，一定缺一雙跑鞋或者一個夥伴；你想加班，一定會有人找你逛

街；你想學習，那麼這個世界馬上就變得有趣起來，任何的風吹草動都能吸引到你。

現實讓人討厭的地方就在於：當你不知道要去哪裡的時候，就覺得全世界都在讓路給你；而當你知道要去哪裡的時候，就覺得全世界都在跟你作對。

比如說，當你不想登月時，月亮就是風景，你就可以詩意地誦讀：「明月幾時有，把酒問青天。」

而一旦你有了登月的想法後，那問題就太多了，比如地球到月亮有多遠的距離？比如該用怎樣的飛行器？比如到了月球該怎麼呼吸？每一個都是世紀難題！

又比如說，當你還沒有開始假期時，你就會假想自己會讀很多書，會背很多單詞，會去很多個遠方。

而一旦你放假了，拿到書了，你就需要克服看影片或者玩遊戲的誘惑；一旦你翻開單字書，你就需要忍受背誦的痛苦和乏味；一旦你準備出遊，那麼你就得為出行時間、資金以及選擇交通工具、旅館、路線而傷腦筋。

換言之，很多狀況都是有了目標之後才被你注意到的，等你遇見了，就以為一切困難都是獨獨為自己準備的，好像全世界就只有你一個人被命運扼住了喉嚨。

實際上，只要你有了變好、變優秀的念頭，只要你還有目標，有想去的遠方，那麼讓你崩潰的事情還有很多，而且還會更難。

人一旦確定了自己想要什麼，就一定會遇到各式各樣的阻力。

它可能是外部原因，比如偏見、猜忌、好意的提醒、多餘的關心以及小氣鬼們的「見不得別人好」。

它也可能是你自己的原因，比如懶惰、拖延、見識、格局、看不到結果時的猶疑、困難面前的膽怯、面對選擇時的為難、無可救藥的三分鐘熱度以及「矯情癌」犯病時的自我可憐。

所以我的建議是，越是期待一件事有好的結果，就越應該做好準備去迎接可能不好的一切。

如果你每次都把「我為什麼要這麼做」切換成「我為什麼不呢」；如果你每次都把「怎麼倒楣的又是我」切換成「從這件倒楣的事情身上，我學會了哪些東西」；如果你每次都把「憑什麼好事都落在別人身上」切換成「別人是怎麼做好這件事情的，如果機會給了我，我能做到嗎」，那麼，你早晚會混出名堂來。

作家周國平曾說過：「就算人生是齣悲劇，我們也要有聲有色地演這齣悲劇，不要失掉了悲劇的壯麗和快慰；就算人生是個夢，我們也要有滋有味地做這個夢，不要失掉了夢的精緻和樂趣。」

你也只有一個一生，要好好活過，才知好歹。

所以請你坦然地接受當下的平凡和麻煩，但堅定地拒絕平庸和偷懶。

就算是敗了，也好過不戰而降。

就算是「竹籃打水一場空」，你也會驚喜地發現，竹籃已經被洗得乾乾淨淨了。

在生活中，當你的身體還沒有屈服的時候，你的靈魂就屈服了，這是個恥辱。

2

想起一個男生的私訊，他問我：「男生可以喜歡粉色嗎？」

我回答道：「當然可以。」

他又問：「那你覺得，自殺的人是想不開了，還是想開了？」

當我還在思考這兩個問題有什麼關聯的時候，他的第三句話就「砸」了過來：「前天晚上，我自殺了，但被救過來了，我不知道下次會不會這麼幸運。」

看到「自殺」這兩個字的時候，我確實嚇了一跳，但看到他把「被救過來」描述成「幸運」，我隱約覺得，他其實並不想死。

我問他經歷了什麼，他卻反問我：「你覺得活著有意思嗎？」

我說：「我覺得還是挺有意思的，畢竟每天都是因為不同的原因想死。」

然後，他回了一長串的「哈」字給我，話匣子也就此打開了。

聊了一會兒才知道，男生畢業不到一年，目前在一家私人企業做企劃。每個晚上，他會因為焦慮而輾轉難眠；每個白天，他又會因為睡眠不足而萎靡不振。

他和兩個不太熟的外地人擠在三坪大的出租房裡，晚上不好意思開燈，白天又不想開窗戶，就算是睡著了，也不過是從一個噩夢做到另一個噩夢。

他對現狀很不滿意，但又不想回老家。他寧可在臭烘烘的蚊帳裡吃最便宜的麵包度日，也不願回去被趾高氣揚的大姑大姨們當成教育子女的反面教材。

他說他從小就被父母灌輸了一種消極的觀念：「我們比別人窮，比別人弱，所以我們不能惹事，不能沒禮貌，尤其不能失敗，否則別人就會更看不起我們。」

他的人際關係也很糟糕，既沒有魅力和別人打成一片，也沒有底氣誰都不理。有人要是對他好了一點點，他滿腦子裝的是怎麼去報答人家；可是一旦有人對他皺了眉，那他就會耿耿於懷好幾天。

他每天都活在深深的自我厭惡當中，每天都能討厭自己十次以上，每次都能在自己身上找出十個以上叫人絕望的缺點，每件小事都能讓他找出自責的理由。

他自殺的導火線僅僅是因為那天晚上煎蛋的時候把雞蛋煎焦了，他覺得自己特別沒用，什麼都做不好，就像一個花了二十年時間才塑造成型的殘次品。

他說：「我想成為父母的驕傲，我想過喜歡的生活，可是我根本就沒有辦法。我的出身、長相、情商、收入，沒有一樣是拿得出手的。」

我回覆道：「這很正常，這至少說明你還不想認命，說明你對人生還有要求。在我的認知範圍裡，每個有上進心的人都很辛苦，都在為自己的目標拚命，都想讓生活心服口服地對自己說一句：『好，這些都給你。』如果覺得自己在某些方面不如別人就要自殺，那地球上恐怕就只剩下一堆狂妄之徒了。」

如果恐懼未知，你就別想要改變現狀；如果志在山野，你就別想位高權重；如果謀求聲譽，你就不要介意江湖險惡。

人生本來就是一個麻煩接著一個麻煩，每個階段都會有相對應的麻煩，這個世界不會因為你只是個打工的，就讓你的麻煩少一些，也不會因為你當上了老闆，就讓你的麻煩少一些。

不同之處可能是，打工的想從月薪八千人民幣變成月薪三萬人民幣，而老闆想的是從民營公司變成上市企業，都很難。

沒有哪份工作是不麻煩的，沒有哪種人生是不辛苦的。只要你想變好就會有焦慮，這是混吃等死的人理解不了的。

至於別人的父母為他一次付清全額買了房子，別人的親戚靠關係為他安排了好工作，別人住在豪宅裡想方設法地花錢，別人嫁或者娶了一個一擲千金的富貴人家……這些都跟你沒有關係。

事實上，你的人生並沒有因此變糟。真正讓你覺得變糟的，是你自以為「被同齡人拋棄了」的焦慮和自以為「就自己命最苦」的悲觀。

所以我的建議是，多交幾個能聊天的朋友，多讀幾本能增長見識的好書，多養成幾個能夠長期堅持的好習慣，把心沉下來，把注意力放在自己身上，把心思都花在變優秀上。

你只有邁出腳步，才能知道面前的那些橫七豎八的石頭，到底是絆腳的，還是墊腳的。

3

很多人覺得生活很不順心，原因無非是：不肯依賴別人，自己又不爭氣；非常有上進心，卻又缺少耐心。

比如你。

你對自己的現狀很不滿意，你希望自己有好成績，有好品味，有好長相，有豐富的知識和閱歷，有廣闊的圈子和人脈；你希望自己能夠堅持健身、節食、規律作息，希望自己做事有始有終、有執行力、有時間規劃；希望自己堅強樂觀、勤勞果斷。

結果是，你想要做的事情越來越多，你的人生目標越設越高，你的渺小感越來越強烈，你的無力感越來越失控。

你越來越擅長規劃人生，同時又越來越受不了比自己優秀的人；你越來越覺得自己倒楣，以至於你什麼都還沒有開始做，光是想一想就已經筋疲力盡了。

感覺就像是，靈魂精心謀劃了一場重大戰役，而身體卻早就做好了叛逃準備。

很多時候，「想要的太多了」、「想要的太急了」，都會變成「得到」的阻力。

如果你有大目標，那就把它分解成：階段目標1＋階段目標2＋……＋階段目標n，然後親力親為，盡心盡力。

把每一個今天過好，就是很好的一生。

我所理解的「很好的一生」是：今天要做的事情都做了，今天要愛的人都愛了，今天想吃的東西都吃了。

很多事情並不是「我想」就可以，畢竟，這世界上總有一些沒有辦法的鐵石心腸，總有一些毫無希望的鐵壁銅牆。

比如說，你有一個變瘦的目標不等於你就會變瘦，你愛讀書不等於你知識淵博，你想變得更好不等於你就會變得更好。

想瘦和會瘦之間，隔著無數的高度自律；讀書和知識淵博之間，隔著無數的學而不厭；希望變好和真的變好之間，隔著無數次的不屈不撓。

也就是說，你當前最重要的事情，是確定自己真的是在往前走。

而我的建議是，你想變得更優秀，那就先把手頭上的事情做完，而不是抱怨主管有眼無珠，控訴同事沒有鼎力相助，以及賭氣式地說打算哪天辭職。

你想跑步，那就先把跑鞋換上，而不是想著要和誰結伴一起跑，要靠跑步瘦幾公斤，以及要發一個怎樣的朋友圈。

改變世界不必大刀闊斧，小碎步也可以光芒萬丈。

就好比說，「如何走出人生低谷」的標準答案永遠是：多走幾步。

「如何改變命運」的標準答案永遠是：馬上開始。

「如何努力才能變厲害」的標準答案永遠是：保持努力。

怕就怕，你只是漫無目的地耗完了一生，你活著只是在「等死」，你漫長一生所做的一切事情，僅僅是「隨手就做了」。

13 唯你最深得我意，也唯你最不識抬舉

1

又是情人節，賣場門口前正在辦活動。造型誇張的主持人用沙啞的嗓音賣力地對路人喊：「請拿出你的手機，打給好久不見的那個人，我想唱一首〈你最近好嗎〉給他聽。」

妮子當時正在和閨蜜閒逛，聽到這番話，她竟然鬼使神差地撥了一個快要荒廢的名字。

結果提示音是「您撥打的用戶已暫停服務」，見妮子一臉落寞，閨蜜則不留情面地說了一句：「那種渣男有什麼好的？」

妮子咯咯地笑：「嘿嘿，渣男可好了，用麵包糠裹上，用熱油炸，隔壁的小孩都饞哭了。」

男生在高中時並不渣，甚至還有幾分可愛。

國文老師講到《西遊記》，他就舉手問老師：「如果把緊箍咒套在如意金箍棒上面，一個變小，一個變大，老師您覺得哪件寶物會贏？」

國文老師盯著他看了好一下子，字正腔圓地蹦出六個字：「你給我滾出去！」

物理老師講完了「萬有引力」，就問大家有沒有什麼地方沒聽懂，他就站了起來問：「老師，我想知道牛頓的頭髮是在哪燙的？」

教室裡瞬間就炸開花了，物理老師的嘴巴都要氣歪了，指著教室門對他說：「去把你的家長叫來！」

雖然老師不怎麼喜歡這個調皮的傢伙，但在妮子眼裡，他會發光。

男生是在高考之前的一個月向妮子表白的，妮子則是在高考之後決定跟他談戀愛的，因為她怕耽誤兩個人備考。

然而，由於高考成績相差太多，妮子北上去了北京，而男生則留在了當地。

妮子並不介意他的家境，不介意他「沒那麼上進」，甚至不介意他「沒那麼頻繁地聯絡自己」。

一開始，距離確實產生了美，但後來，距離產生了第三者。

妮子是透過一個老同學才知道的。老同學問她：「你們是什麼時候分手的？」

妮子被問傻了，結果對方傳了一張照片給她，是那個男生和另一個女生手牽手。

妮子馬不停蹄地找到了男生，在繁華的街上，情真意切的見到了見異思遷的。

妮子努力表現得很平靜：「現在打電話給她，說你們分手，或者現在就告訴我，說我們分手。」

男生支支吾吾了好半天，妮子轉身就走了。她心裡有一半是憤怒，另一半是羞愧，因為她突然意識到：不被愛的那個才是第三者。

那天也是個情人節，街上的燈光滿分，戀人的笑容滿分，而妮子的絕望和她喜歡他的這些年，對比之下的殘忍程度也是滿分。

她不記得自己是怎麼把自己「搬回」學校的，但她記得自己一路上收到了很多句「對不起」。直到臨睡前，妮子回了一句「沒關係」，然後就把男生封鎖了。

她的「沒關係」不是原諒，而是「再也沒有任何關係了」。

人這一生，除了要有一次一見鍾情，還應該允許自己有一次瞎了狗眼。

當初的你覺得當初的他是「宇宙無敵好」，就像你存了一年的零用錢也買不起的限量版白鞋，就像你肚子餓扁了時看見別人的桌子上擺著的奶油蛋糕。

你一直為他緊張，就像一個發條緊繃的懷錶，在無數個白天晚上為他精準計時，只為等到他匆忙的一瞥。

在被他捧在手心的那段短暫時光裡，你想到了「永遠」，想到了「孩子以後在哪裡上學」，想到了老的時候一起去哪裡養老，但你沒想到的是：上天製造的相配居然是大量生產的——你這邊不方便使用了，他馬上就能換一個。

你以為他的心是獨獨為自己布置的房間，卻不料他多情多到可以開一家連鎖飯店。你以為抓住了他的手就相當於抓住了他的心，但沒想到他是只渾身長手的章魚。

糟糕的戀人給你的最大傷害，不是給了你一段糟糕的人生經歷，而是會讓你誤以為，「愛情也不過如此，自己更適合單身」。

就像騙子對我們最大的傷害，不是這一次上當受騙造成的損失，還包括在將來再遇到好人時，你會心生疑惑：「他怎麼會這麼好？是不是有什麼問題？」

但我想提醒你的是，與一個糟糕的戀人分手，它僅僅意味著，關於自己的這一生，那個人的參觀權利到此結束了。

而你還是會繼續熱愛生活，逗某個人笑，或者被某個人逗笑；還是會為了喜歡的人花盡心思，然後絞盡腦汁地吸引他的關注；還是會認真地付出愛，然後勇敢地接受愛。

不同的是，你的感情不再寄人籬下，你的表現更加淡定從容。

從此以後，看著他的朋友圈或者微博，你再也沒有留言互動的衝動了；看著他生氣或者難過，你再也不會有安慰他的念頭了；看到好玩的東西或者看見了驚奇美景，不會再想著和他一起看了。

他過得好，你不會吃醋了；他過得不好，你也不會幸災樂禍。

他的榮辱得失再與你沒有半點瓜葛，你的喜怒哀樂從此與他毫不相干。

活到現在這個年紀，你不能再寄希望於誰的「對不起」了，你得被「對得起」。

2

阿木失戀了，跑到我家來要酒喝。他大口大口地往肚子裡灌，恨不得把酒瓶子都塞進喉嚨裡。

連打了幾個嗝，他終於停了下來，一臉哀怨地對我說：「老楊，怎麼辦啊？我求了她一整天，她還是決心要跟我分手！」

我回覆道：「恭喜你啊，花了這麼長的時間，終於耗盡了她對你的所有喜歡。」

他們在一起已經大半年了，在這段時間內，阿木每隔一段時間就會提一次分手。不管大事小情，只要不合阿木的心意，他就想結束這段關係。感覺就像是，今天起風了都能怪到女生身上。

女生倒是很癡情，每次都會主動認錯，以至於阿木常常跟大家吹噓，說這傻姑娘這輩子都不會離開他。

阿木出差，女生隔三差五就會打電話給他，但阿木幾乎不會接聽，就算是在閒逛，他也是直接掛斷。旁人提醒他接一下，他說：「又沒有什麼重要的事情。」

平日裡，女生路上看到好玩的、好吃的東西就會跟阿木分享，阿木每次都是掃一眼就過去了。從來不會回應一下，說一句「好看」或者「喜歡」。有時候女生會追問幾句，他就不耐煩地說：「你怎麼那麼多話啊？」

阿木雙手使勁地抓著自己的頭髮，表情很痛苦地問我：「她怎麼突然就下了這麼大的決心呢？」

我回答道：「準確來說，她不是突然決定的，而是經歷了無數次難過、無助和失望，才對你絕望了。只是你沒有看見罷了。就像堤壩，沒有人注意裂縫正在變大，人們能看到的只是潰堤的那個瞬間。不是她沒有堅持下去的耐心，而是你從來沒有給她堅持下去的希望。」

白天找你，你說晚上聊；晚上找你，你又說你睏了；上班找你，你說下班聊；下班找你，你又說你累了。

那她還有什麼「資格」賴著你？你又有什麼好抓狂的，不就是喜歡黏著你的那個傻瓜突然不傻了嗎？

我想說的是，感情是需要回應的，如果你真的沒有時間，托個夢也行。但有些人啊，剛說完「我愛你」就像死了一樣，甚至都沒來得及掌握托夢的技能。

她把細枝末節都說了好幾遍，然後帶著一百二十分的期待去問你：「所以，你覺得怎麼樣？」

而你卻一臉茫然地反問道：「啊？你問了什麼？」

她哈欠連天，扛著強烈的睡意就只是為了多和你閒聊幾句，而你卻以為她只是喜歡熬夜。

她不在你身邊的時候，傳訊息給你，你要麼是不回，要麼是過好久才回，等意識到對方生氣了才解釋說自己沒看手機。而她在你身邊的時候，你卻一天到晚捧著手機。

她跟你分享的一切，你都不去回覆；她跟你講的每一句話，你都不曾認真去聽。

她的心事得不到回應，她的吐槽收不到反應，她的碎碎念也全都石沉大海。

她問了幾遍，等了你好半天，她不知道你是掉進廁所了，還是在食堂吃飯的時候和別人打起來了，又或者是洗澡的時候被外星人抓走了。

如果你很忙，沒關係的，你可以告訴對方自己在忙什麼，而不是突然就消失了；如果你沒有時間細說，也沒關係，你可以告訴對方「大概多久能夠忙完」，而不是讓對方漫無邊際地等著。

就算她的腦子裡有良田萬頃，也會因為你的漠不關心而荒蕪。

別忘了，「冷暴力」的傷害常常是「講清楚」的一萬倍。

我承認每個人都很忙，都有各自的言不由衷和身不由己。但是，你在忙完手頭的事情後連回一句微信的時間都沒有嗎？你消失了一天，連向對方說一下自己的行蹤的心思都沒有嗎？你有事情不能按時回家，連提前和對方說一聲「不用等」都不行嗎？

嘴巴可以說謊，但細節不會；愛可以累積，不愛也能。

得不到回應的次數多了，她就無法確認這份愛是真實存在的了。而你所有遲到的安慰、遲到的回應、遲到的陪伴、遲到的誓言，在錯過了被需要的時間點之後，就已經沒有任何意義了。

換言之，她離開你的勇氣，都是你一點一點給的。她一次一次給你下的臺階，最終鋪成了一條讓她漸行漸遠的羊腸小徑。

可樂記得加冰，愛情記得用心！

3

不要再吐槽她敏感了。

你睡醒了會聯絡她，忙完了會告訴她，在絕大多數情況下，事事都有交代，件件都有著落，她怎麼可能會疑神疑鬼或者患得患失？

不要再抱怨她對你不夠熱情了。

她花的都是自己賺的，用的都是自己買的，生病了都是自己去醫院，孤獨無聊了都是自己熬，她憑什麼要對你熱情洋溢？

難道就因為你隔三差五地說一句「喜歡你」和「我想你」？

也不必假惺惺地說什麼「你以後一定會遇到更好的人」這種鬼話了。

她連你這種普通貨色都留不住，遇到更好的人又有什麼用？

你這輩子犯的最嚴重的錯誤就是，在她什麼都不圖的時候，你卻讓她絕望了。

你缺席了太多「我需要你」的時刻，所以你的「我愛你」和「我想你」就顯得非常廉價。

你不知道的是，她忍住了多少次想跟你說話的衝動。

她的一句「那你先忙」包含了「我想你了，你在幹嘛？我想見你一面，吃個飯或者聊一下天，但我又怕打擾了你，怕耽誤了你的工作，所以我會自己去吃飯，自己把情緒收拾好，你也不用為我擔心，我沒什麼事，你就忙你的吧，等你忙完了，記得立刻、馬上跟我聯絡，因為我真的好想你」這麼多字。

你不知道的是，你的「晚安」和她的「晚安」根本就不一樣。

你說「晚安」的意思是：「我不想跟你說話了，我還得和別人聊天，還得玩手機、打遊戲，你趕快去睡覺吧，別那麼煩人了。」

而她說「晚安」的意思是：「我現在確實好睏，但我還是想找你聊聊天，如果你還有什麼想跟我說的，我晚一點睡覺也沒關係的。」

你不知道的是，這是她這輩子最浪漫、最勇敢，也最孤注一擲的時候。

她問你「吃了嗎」，不是真的問你吃沒吃飯，實際上是在說「我想你了」；她問你「在忙嗎」，不是真的問你工作多不多，而是問你「有沒有空，有的話，陪我聊幾句」。

她問的不是問題本身，而是問你的生活中她沒有辦法參與的那部分。

對你來說，吃飯、聊天、走路、天氣、睡覺都是可說可不說的小事情，但對她來說，那些都是精彩的花絮，是值得玩味的彩蛋。

這個愛你的人愛得有多辛苦，因為她太為你著想了，以至於時間一久，你自己都忽略了她的辛苦。就像是，糖水喝久了，你以為喝的水就應該是甜的。

其實，每個人的心底都有一個小孩，這個小孩往往和一個人的表現正好相反。

比如，某人表現得很成熟，那心底的小孩就可能很幼稚；某人表現得很強勢，那心底的小孩就可能很需要關懷。

然而，在一次次的傷害和辜負之後，這個小孩就會衝出來，拉著這個人的衣角，皺著眉頭說：「我們走吧，我好痛苦。」

就像當年，這個小孩曾紅著臉拉著這個人的手說：「我們去找他吧，我好想他。」

如果有一天，你的愛情經營不下去了，我希望你可以摸著良心說：「我能做的努力，我都做了；我可以做的讓步，我都讓了；該我做的改變，我也改了。我對得起最初的萍水相逢，也對得住最終的一刀兩斷。」

4

哦，對了。再強調一次，不要在寂寞的時候和一個沒那麼喜歡的人談情說愛。

你要記住：長得越美，責任越重。

就算有人與你立黃昏，他也不過是一位和你一樣等紅綠燈的路人。

就算有人問你粥可溫，他也不過是個遲到了卻想得好評的送餐員。

你才二十歲出頭，外賣不允許遲到，但愛情可以晚一點。

14

就算你是對的，也不用非得證明別人錯了

1

和虹小姐一起喝咖啡，聊完正事，我們各自玩了一下手機，她突然就笑得前仰後合。

我問她是不是該吃藥了，她摀著嘴巴笑：「剛知道有人在背後說我的壞話，想想就覺得好好笑啊。」

我提醒她一樓有個大藥房，她笑得更大聲了。

說她壞話的其實是她的同事，暫且稱她為A。

A平時跟誰都聊得來，待人處事也禮貌周全，但大家對A的印象是「太圓滑」。A從來不會當面指出誰的缺點或者錯誤，也從來沒有跟人發生過正面衝突。

但是，如果某人不在場，她就會指點一二，然後說三道四，等別人出現了，她馬上就笑臉相迎。而別人完全不知情，甚至還把她當好人。

我問虹小姐：「別人說你壞話，你怎麼比聽到好話還開心？」

她說：「當然開心了。如果聽的人跟我一樣，也覺得說壞話的人人品不行，那她說什麼都不會有人信，反倒會讓人覺得她好假，那她相當於是自掘墳墓了；但如果聽的人相信了她說的壞話，那就相當於幫我認清了另一個壞蛋，我得寫一封感謝信給她。」

我又問：「然後呢？你打算怎麼對付她？」

她撇了一下嘴巴說：「我有那麼多要緊的事情要做，哪有閒工夫理她。我跟你見完面，下午回去還得整理報告，晚上還得加班。有時間的話，我去爭取升職加薪好不好？我去看個畫展好不好？」

聽完虹小姐說的這段話，我恨不得起立為她鼓掌。但我還是追問了一句：「難道一點影響都沒有？」

她當時正好把一塊甜品送進嘴裡，讚嘆了一下，然後很輕鬆地說：「除了讓我知道她是一個完全不可以做朋友的人外，沒有任何影響。」說完開始猛誇這家甜品「好吃到爆」。

壞人說你的壞話，其實是在幫你恢復名譽。

愛在背後說壞話的人常常是這樣，人前賣乖，人後使壞，前一秒還在狠狠地戳別人的脊梁骨，下一秒就能熱情得像是要與人義結金蘭。

他們喜歡嚼舌根，但往往很會做人；他們懂得左右逢源，而且善於溜鬚拍馬；他們表面上跟誰都是好朋友，但背地裡時不時來捅刀子。

但是，他們沒有當面與你辯駁的底氣，沒有證明你確實錯了的充足證據，也沒有與你撕破臉的決心，所以他們只能在背後搞些小動作。

對於這種人後從不說人好話，人前卻盡得好人緣的人，能離多遠，就離多遠。

不要去追問對方為什麼討厭自己，也不要枉費心思去改變他對自己的看法。你是什麼樣的人，和你相處過的人自然會知道。

詆毀常常是因為嫉妒，而嫉妒常常是因為自愧不如。

有時候，你光是「存在」這件事就會刺痛一些人。你甚至不用特別耀眼，也不用和誰發生摩擦，僅僅只是因為你出現了，你在那裡，就會襯托出某些人生命中的傷與痛。

你無力改變這種局面，也不必對此負責，畢竟那些人從前經歷了什麼，都與你無關。

如果你每次都會因為別人的蠢話而氣得要死要活，你這輩子就會不間斷地遭受情緒的洗劫；如果你每次都把時間浪費在解釋自己上，你的快樂帳戶就會常年顯示餘額不足。

如果你生誰的氣，就想一下自己是不是太把對方當回事了。然後你就再追問自己一句：他算什麼？

被人說三道四是常有的事，古人早就說過：「能受天磨真鐵漢，不遭人嫉是庸才。」

你只需心無旁鶩地做好自己的事情，那結果就會變成：「兩岸猿聲啼不住，輕舟已過萬重山。」

知道得越少，睡得越香！

2

有個女生曾在微博裡向我吐槽，開頭的一句話是：「奇葩年年有，今年特別多。」她說的奇葩是個剛認識不久的男生——表姊的一位同事。

有一次，女生和表姊逛街，路上遇見了這個男生。男生就跟她們閒聊了幾句，然後主動加了女生的微信。

這只是兩個人的第一次見面，而且是偶遇，而且閒聊也不過五分鐘而已。結果當天晚上，男生就用一種「我們已經很熟了」的語氣發微信給女生，問她有沒有男朋友，家裡有幾個人，父母是做什麼的……

女生覺得男生可能是想追自己，但礙於男生沒有表白，所以也沒辦法拒絕，只能婉轉地表示自己不想透露太多個人資訊。

男生並不識趣，繼續問東問西，女生則故意回覆得很慢，回答得也很敷衍。女生的內心想法是：這個人畢竟是表姊的同事，不回覆顯得自己太沒有禮貌了。

結果有一天，表姊突然問女生：「聽說你和他進展得不錯？」

女生一下子就炸毛了，然後非常努力地澄清，她把事情的來龍去脈說給表姊聽，並希望表姊能夠代為轉告一下：自己對那個男生毫無感覺。

也就是表姊把女生的態度轉告給男生之後，男生突然傳了一段長達三千字的「酸文」給女生。先是深情款款地描述了自己是怎麼對女生一見鍾情的，然後訴說他到底有多喜歡女生，再「控訴」女生：「你怎麼能對我沒感覺呢？」、「我這麼努力地向你靠近，你怎麼就那麼狠心地推開我呢？」

結尾則是無比委屈的語調：「既然你這麼無情，那我只好選擇離開，給你全部的自由……」

女生看完之後，覺得身上的雞皮疙瘩掉了一地，但很開心，因為男生總算是不糾纏自己了。

然而，女生萬萬沒想到的是，男生居然特地向她表姊訴苦，還在朋友圈裡說女生玩弄了他的感情。

儘管表姊再三向男生強調「她不是那樣的人」，但男生始終以「我是受害者」的語氣說女生的諸多不是。

女生對我說：「噁心就噁心在，我什麼都沒做，就當了一回混蛋，他憑什麼那麼說我啊？」

我回覆道：「無論你再怎麼表裡如一，在別人嘴裡也是各不相同。所以笑笑就好，放在心上，他還不配。」

「如何讓所有人都喜歡自己」的標準答案就是：別把不喜歡自己的人當成人就好了。

如果他僅僅只是對你表現了不友善的一面，對其他人都很友好，那麼你揭穿他的後果可能是，大家都認為問題出在你的身上。拆穿多沒意思啊，你還是笑著看他演吧。

生活有時候會跟你開個玩笑。它會派一個假模假樣的人出現在你的生命中，然後讓他喜歡上他想像出來的你，等他的想像在某天破滅了，他的喜歡就會馬上變成唾棄：「啊，真沒想到你居然是那樣的人。」

但實際上，你一直都是那樣，什麼都沒做，就聲名狼藉了。

但你就是你啊，怎麼選，怎麼活，那都是你。至於別人怎麼看，怎麼說，那不重要。

不要因為別人說你不好就覺得自己真的哪裡哪裡都不好，有些不善良的人最喜歡做的事情就是讓你懷疑自己。

即便你為了某個人而做出改變，也會有另一些人覺得改變之後的樣子不好。

惡意不會因為你不停地做出改變就停止下來。

也不要試圖糾正對方，更別想用辯論的方式改變他的看法。

和一個壞蛋辯論對錯或者正邪，就像和一隻鴿子下國際象棋，即使你的每一步都合理合規，對方只用一招就夠了——他會弄亂棋子，並在棋盤上拉屎，然後用一種勝利的姿態在棋盤上昂首挺胸地踱著方步。

我多次強調「別和豬打架」，之前的理由是「利益問題」：因為贏了沒什麼好驕傲的，輸了實在丟人。現在的理由是「喜好問題」：因為打完之後，你肯定忍受不了渾身臭泥的氣味，而豬卻樂此不疲。

假如有人在背後說你的壞話，而旁邊還有幾個人跟著起鬨，你也不要懷疑自己，覺得自己很糟糕，不要那麼想。

你只需記住一個不太文雅的比喻：吃屎的注定跟拉屎的團結友愛。

不如就心安理得地做個混蛋眼裡的混蛋，而不是浪費時間去自證清白。

現實就是這樣，大部分人不了解你，小部分人不喜歡你。

無論你做什麼、說什麼、怎麼選、怎麼活，都會有人嘟囔你、懷疑你、嘲笑你、反對你……而且，你對此毫無辦法。

但好消息是，這實際上無所謂。

無論你怎麼謹小慎微，怎麼努力上進，你的缺點依然能裝滿八個籮筐，你的脾氣還是會臭過榴槤，你依然會待在十八線[4]，而不是十八歲。

但好消息是，你依然能夠保持進步，依然能夠有人喜歡。

那就這樣吧，理直氣壯地做一個嬉皮笑臉的樂觀主義者，厚著臉皮霸占著這個多嘴多舌的星球的一部分。

一個當代年輕人該有的修養是：如果我發現你不喜歡我，我只會加倍地不喜歡你。

3

如果小紅跟你說，小明在某時某地說了你某些壞話，你不能太快得出結論，不必急著惱火，也不要太快原諒，而是有必要思考以下幾個問題：

第一，自己與小明有沒有私人恩怨？如果有，那對策是：左耳進，右耳出。如果沒有，你就要想一想小明為什麼要說自己的壞話。是自己得罪過他？還是因為他做人有問題？

第二，小明的口碑和個人能力如何？如果大家都覺得小明很正直、很厲害，那麼你就

4 編注：有別於知名度很高、主流的一線，有非主流、沒沒無聞的意思。

得反思自己是不是確實在什麼地方做得不好，而不是只怪小明太會演好人了！如果你再三確認了，小明就是那種非常會演的虛偽小人，那你就提醒自己：小人得志是常有的事。

第三，小紅與小明有沒有利益紛爭？小紅轉告自己的目的是什麼？是正義揭發？是為了取得你的信任？是挑撥離間？還是想拿你當槍使？

第四，這一點尤其值得注意，小明為什麼能那麼自在地和小紅講你的壞話？是小紅騙取了小明的信任，還是小紅說了什麼取得了小明的共鳴？

需要提醒的是，只要你稍微有一點利用價值，那麼就有極大的機率會出現一個人，他為了要和你成為朋友，而出賣了另一個人。他會在談話中不經意向你透露別人的祕密，以此來獲取你的信任。別蠢到以為他跟你真的熟到了無話不談的程度。你得記住，一個跟你沒見過幾面的人會在你面前出賣其他人，那麼，你也有極大的機率會成為他出賣的對象！

4

哦，對了。

有一個很尷尬的現實問題：學校裡教的都是怎麼和君子相處，卻很少有人告訴我們要怎麼識別奸佞小人。

鑑寶專家馬未都似乎說出了標準答案，他說：「一眼就看破贗品的功夫在於專心於真品。」

意思是說，識破贗品，不是成天研究贗品，而是整天鑽研真品，真的東西了然於心，假的東西一下子就能看出來。

識別壞人也是如此。

你並不需要鑽進壞人堆裡，然後厚著臉皮說自己「出淤泥而不染」，或者是花費心思去研究壞人長什麼樣子，有什麼招數，平時有哪些惡習……不用，你只需盡可能地和好人來往就行了。

好人的言談舉止會不斷地滋養你的靈魂，一旦你將來遇見了壞人，不管對方裝得多麼熱情，多麼和善，你都會本能地覺得「非常刺眼」、「非常噁心」、「非常不習慣」。

最後，祝你喜歡的人也喜歡你，祝你不想理的人也別理你。生活清清淨淨，人人皆大歡喜。

15 生活奇奇怪怪，你要可可愛愛

1

奇怪的事真多。

比如，這顆星球上的人同時面臨著「我好孤獨」和「人口過剩」兩大難題。

比如，這個年紀的人們同時因為「我不知道吃什麼」和「我的體重超標了」而犯愁。

又比如，這個世界的大人們一邊教育孩子「勤勞可以致富」，一邊又向孩子們灌輸「有錢人都很壞」。

比如，薄情寡義的人總是那麼滿臉自信，理直氣壯；而溫柔的人卻總是痛苦糾結，自我懷疑。

比如，明明都是彼此心目中的NO.2（第二），兩個人卻在婚禮上大言不慚地宣誓「是此生唯一」。

又比如，明明就沒有認真地對待任何事情，但很多人總覺得事事都在故意冒犯自己。

比如，感覺自己的生死之交遍布大江南北，但同一個城市裡卻找不到一個一起吃飯看電影的。

比如，口口聲聲勸你「戀愛沒什麼意思」的人，最後卻是相繼脫單的那些人。

又比如，踩了別人的腳，擋了別人的路，大家可以隨口就說「對不起」，然而真的傷害了別人，冤枉了別人，卻很難將「對不起」說出口。

而最最奇怪的是，為了得到在乎，不被在乎的人們在努力表現自己的滿不在乎；為了得到愛，缺愛的人們在賣力地毀掉自己身上本來就不多的可愛之處。

結果是，有的人膨脹了，有的人膨化了。

大家活得都像是在掩飾，在試探，在權衡，在顧左右而言他，反倒是那些真誠的、坦蕩的、乾淨的可愛越來越難得一見了。

2

一個週六的下午，K先生沒頭沒腦地問我：「老楊，喝酒嗎？同歸於盡的那種。」

我笑著問他：「這又是發哪門子瘋？」

結果他說：「快點下樓，我已經到你家樓下了。」

準備出社區的時候，因為路邊停了很多車，只剩一條單行道。K先生開得很慢，突然發現路中間蹲著一隻貓，正悠哉地曬太陽，像極了一位大爺。

K先生緩慢地煞車，然後一動不動地盯著貓大爺好半天。

我問：「要不要輕輕地按個喇叭？」

他搖搖頭說：「不行，會嚇到牠的。」

我又問：「那要等到什麼時候？」

他突然就打了幾下雙閃，然後自信地說：「這樣牠就知道後面有車了。」

貓大爺倒挺給他面子，很快就「移駕」到路邊的花叢裡。路過的時候，我跟貓大爺擺手，並對牠說：「喵嗚！」

結果K先生糾正道：「不是『喵嗚』，是『喵嗷嗚』，你剛才的那聲貓叫至少有十個貓語語法錯誤。」

那一刻，我翻白眼翻得近視都好了。

車子左轉右繞，終於到目的地了，結果一下車，這傢伙看見有人在路邊唱歌，瞬間被吸引過去了。

他走到表演者面前，對方唱一句，他跟著唱一句。別人不好意思了，就把麥克風遞給了他。

他也不慫，在車水馬龍的街頭席地而坐，然後自顧自地唱了起來，完全不記得帶我來這裡做什麼。

而我則記得很清楚，他那天唱得最好聽的兩句是：「兩眼帶刀不肯求饒，讓你看到我混帳到老。」

K先生早年是個資深的技術宅，逛各類論壇的時候經常看見有人罵髒話，一怒之下，他就駭進網頁，然後改變聊天規則。

其中之一就包括：所有的「你媽」在發出去後都會變成「我媽」。

更傳奇的是，當同行都賺得盆滿缽滿的時候，K先生卻突然轉行了，他從一個網路大神搖身一變成了一名保險銷售員。

有人說他轉行是因為被人騙了，差點傾家蕩產，但我從未聽他提及過，苦難在他身上流逝了，但似乎並沒有在他的眼裡和臉上留下痕跡。

他一如既往地幼稚、搞怪、冷幽默，工作中從不主動推銷，生活中也從不說恭維的話，但他的訂單卻絡繹不絕。

他和十幾二十歲的少年一樣，透澈、真誠、少根筋，歲月根本就無法染指他，哪怕一點點。

在這光怪陸離的人間生活，你要活得漂亮，還要耐髒！

我們說某某「油膩」，並不是說某某滿臉油光或者大腹便便，而是說某某活得太做作了，說話太虛偽了，做人太市儈了。

我們說某某有「少年感」，也不是說他年輕、長得帥、會保養，而是說他沒有鑽進錢眼裡、不會算計、沒有心機。

耐髒的人自然會有少年感。這樣的人一輩子都學不會弄虛作假，卻有著與生俱來的翩翩風度。他跟村夫交談不會丟掉謙卑的態度，和王侯散步也不會露出諂媚的嘴臉。

他的眼裡有光，心裡有火。他選擇和某人交往，是因為他認為某人「還挺好玩的」，而不是因為「有利用價值」；他參加某個聚會，是因為他覺得「某個聚會應該挺有意思的」，而不是因為「不去顯得不好」。

他不會在意選擇的正確與否，比如是否選對了距離最近的路線，是否買到了CP值最高的物品，但他在意的是做出的選擇一定要忠於內心，比如無視值不值得的「老子喜歡」，以及偏偏不參考標準答案的「老子願意」。

就算渾身是傷，他也覺得值，「都別管我，老子就想這麼活」；就算撞了一頭包，他也不會認輸，「都別勸了，老子不信那個邪」。

那麼你呢？

是不是在不停地跌倒，是不是沒少撞牆？社會逼著你順從，生活逼著你服從，它們幾乎是異口同聲地向你咆哮：「沒本事就給老子學乖點！」

漸漸地，你做到了大是大非不出差錯，小是小非不再計較。慢慢地，你從理想主義走向了實用主義，從黑白分明活成了難得糊塗，從什麼都敢變成了什麼都怕。

需要強調的是，少年感並不等同於白衣翩翩、眉清目秀、鬍子乾淨，也不是發福和油膩的反義詞。

它更是一種永遠好奇、永遠有擔當的衝勁；是在任何時候做的任何選擇都不怕留有遺憾的坦蕩。

它是隨波不逐流，譁眾不取寵；是不會變冷的血，是不會被市井荼毒的魂，是說一萬遍「歸來還是少年」也裝不出來的真。

在任何年代，在任何年紀，活得乾淨的人總是能夠讓人高看一眼。

願你偶爾看透但不失望，偶爾迷惘但不沉淪，承認生活的掃興，但努力活得盡興。像少年那樣：永遠浪漫，永遠清澈。

3

梅子小姐約我吃飯，我去找她的時候，她正在講臺上侃侃而談，突然冷不防地對觀眾來了一句：「喜歡我就眨一下眼睛，不喜歡就把左腳放在右邊肩膀上。」

底下瞬間就笑倒了一大片，而她則咬著嘴唇忍著笑，雙手交叉立於臺上，就像一個優等生在等著放榜。

吃飯之前，她盯著對面桌的小朋友手上的雞腿直吞口水，等食物上桌了，她等不及跟我客氣，就猴急地把腮幫子塞得鼓了起來。

我忍不住問了一句：「你這是讓我觀摩你的吃相嗎？」

她則像個喜劇演員一樣用力地摸了摸喉嚨，然後又往嘴裡塞了一大塊牛排，指了指嘴巴，示意不方便回答。

吃完飯，我們順著小路散步，她聽到了蟬叫聲，順著聲音就逮住一隻。然後，她自顧自地對金蟬說教：「喂喂喂，小夥子，這就是江湖險惡，該閉嘴的時候要馬上閉嘴，不然怎麼死的都不知道。」

梅子小姐其實已經三十二歲了，但給人的印象就像是少女心爆炸。

比如她的簽名是這樣的：「我往宇宙撒了把鹽，如果凌晨三點還沒入睡，那今晚就吃鹽焗小星球。」

三天之後又換成了：「我跟地上的螞蟻談了好久，牠才肯把牠的米分我一半。」

梅子小姐的少女心不是體現在吃的、穿的、用的方面，而是體現在「我好愛好愛這個世界」。

她並不喜歡粉紅色的東西，也不會讓同齡的異性幫忙扭開瓶蓋，也從不迷戀帥氣的男明星。她不紮丸子頭，不稀罕洋裝，不需要帆布包，不用美顏相機，不需要「嚶嚶嚶」和少女音……但朋友有了開心的事情，她比朋友還要開心；看著小孩子玩溜滑梯玩得很嗨，她也會沒大沒小地參與其中；看著別人玩滑板很酷，她也去買了一塊，然後摔得鼻青臉腫還要繼續練習……

她媽媽送了她一個好看的菜籃，她的第一反應居然是要買什麼樣的衣服來搭。

她活得很坦然，七大姑八大姨們為她安排了一個又一個的相親對象，她不僅都去見了，還時不時地回饋自己的感受給七大姑八大姨們：「這個不夠可愛」、「這個愛說空話」、「這個挺不錯的，就是我感覺自己配不上他，因為他全程都沒笑一下」……

我曾問過她：「你不覺得煩嗎？」

她笑呵呵地說：「那有什麼煩的，就算相親對象都是奇珍異獸，我把自己當動物園園長就行了。」

她其實談過一次戀愛，為此她還發了一則轟動朋友圈的動態：「我終於意識到男朋友的重要性了，因為家裡的水管爆了之後，男朋友可以幫我遞下扳手。」

少女心不是一輩子都永保青春，不是一大把年紀了還抱著絨毛玩具，不是孩子都成人了還喜歡撒嬌，也不是十指不沾陽春水……而是指，你的內心已經足夠強大，能夠藐視人生路上的風風雨雨，而內心依然溫熱，保留著少女的天真和爛漫。

就算每一次扶起摔倒的老人都會被誣陷，你還是會堅定地去扶下一個。

就算每一段感情心靈都受到了傷害，你還是會毫無保留地去愛下一個。

就算每一步路都充滿了坎坷，你還是會堅定地邁出下一步。

就是不管什麼年紀，不管活成什麼樣子，你都不會覺得生活就這樣了，不會覺得人生的巔峰已經結束了，而是始終相信，嶄新的生活才剛剛開始。

就是對世界依然懷有熱情，對生活依然懷有興趣，對人間依然充滿眷戀，這跟你是九十九歲、十九歲又或者是九歲沒有太大的關係。

少女心不等於玻璃心，更不是拒絕成長的遮羞布。那些喜歡「怨天怨地怨空氣」的人，再年輕也不會有少女感。

別人旅行打個卡，她就要揣測別人什麼用意；別人發個自拍，她就開始詬病別人是不是居心不良；又或者是因為別人沒錢、沒地位、沒身分，她就唾棄別人的生活方式，瞧不起別人的喜好……

這樣的人即便是剛滿十八歲，也跟怨婦沒有任何區別；即使九十歲還渾身上下都穿戴著 Hello Kitty，也只是一個做事欠考慮的討厭鬼而已。

所以，不要害怕變老，不要害怕魚尾紋，不要害怕因為生活而面容粗糙，你該擔心的是，變老了還是一無是處，臉上布滿了皺紋還是一無所知，面容粗糙卻還是內心陰暗。

保持少女心的前提是不停地成長，不停地經歷，內心變得越來越豁達，學會了原諒，懂得了設身處地，也因此而越活越瀟灑。

切記，不管你幾歲，少女心都是萬歲。

4

說到可愛，就不得不提「老頑童」汪曾祺了。

他說：「即使平平淡淡，即使沒有鮮花和掌聲，也要一個人活得精彩。這些白茶花有時整天沒有一個人來看它們，就只是安安靜靜地欣然地開著。」

寫到葡萄，他先將葡萄「批評」了一番，說葡萄樹枝不懂節制，「簡直是瞎長！幾天工夫，就生出好長的一節新枝。這樣長法還行呀，還結不結果呀？」

等葡萄熟了，他又跟葡萄好言好語起來：「去吧，葡萄，讓人們吃去吧！」

說到梔子花，他先是交代了世人對梔子花的印象：「梔子花粗粗大大，又香得撣都撣不開，於是為文雅人不取，以為品格不高。」

然後替梔子花說話：「去你的，我就是要這樣香，香得痛痛快快，你們管得著嗎！」

可愛是什麼？

大概就是你的能力、身分、性格、外表、言談舉止，所有因素或者其中一部分因素，可以吸引某個人或者某些人來愛你。

大概就是做任何事情，你首先考慮的不是成本，而是「我喜不喜歡」。大概就是明知不敢為、不必為、不可為，但因為「我願意」、「我喜歡」和「我能負責」，而變成了「力排眾議」和「敢作敢當」。

我所理解的「可愛」，還包括自始至終地懷著善意。

你越善良，看到別人身上的優點就越多，看到的世界就越美好；你越冷漠，看到別人身上的缺點就越多，看到的世界就越黑暗。

我所理解的「可愛」，還包括想方設法地保持樂觀。

同樣是擦皮鞋，悲觀的人說：「皮鞋是天天擦，天天髒。擦皮鞋有什麼用？」而樂觀的人會說：「皮鞋是天天擦，天天亮，努力是不會白費的。」

同樣是可樂灑出去了一半，悲觀的人會說：「全完了！」而樂觀的人會說：「幸好還剩一半。」

我所理解的「可愛」，還包括不介意別人的看法。

假如你是活潑型，喜歡你的人會說：「哇，你好開朗啊，跟你在一起真開心。」不喜歡你的人會說：「能不能別說那麼多廢話了。」

假如你是內向型，喜歡你的人會說：「你看起來真優雅，跟你在一起的感覺好舒服。」不喜歡你的人會說：「你怎麼一點意思都沒有，跟死人一樣。」

如果你學會了從最平凡的生活中發掘出快樂，那麼你就學到了人生中最重要的生活技能。

如果可愛也算是一種本領的話，希望你是那個最厲害的人。

祝你的好心情天天營業，祝你的煩心事永久打烊。

16 要容得下別人的風光，要按得住自己的囂張

1

一大清早，我剛開手機就收到了紫涵發來的微信，看了一下時間，從凌晨三點開始斷斷續續一直發到五點多。很顯然，她徹夜未眠。

她說她昨天上午才從倫敦回到上海，當天晚上就趕著去參加了一場國中同學聚會。那都是十多年不見的老同學，但現場的氣氛就像是進了一間空了十多年的老房子，冷清而且詭異，即便是當年關係很好的朋友也表現得很生疏，甚至連基本的寒暄都沒有幾句，反倒是有人埋怨她：「怎麼出了國就變得瞧不起人了？」

她發給我的最後一段話很長：「因為有人問我在英國生活感覺怎麼樣，我就描述了一下我的留學生活。我真的沒有炫耀，我知道出國上學不算什麼，我知道這很難；我知道一個女生為了爭取獎學金而沒日沒夜地學習不算什麼，我甚至知道這樣很苦；我也知道每天出門都能見到衣著得體的紳士也不算什麼，但我只是描述，這就是我最真實的生活，怎麼

在他們看來就成了炫耀呢？我氣得一個晚上喝了三杯咖啡，想了一整晚都想不通。」

我回覆道：「人想要不被比下去，常常會做出兩種反應，一種是努力變優秀，另一種是賣力地貶低他人。相對來說，後者要容易得多。你今天見到的人可能有一部分就屬於第二種，因為跟現在的你比起來，他的人生稍顯黯淡，所以受不了你的優秀。你跟他們不同，你巴不得別人好，所以你心裡是坦蕩的，看見別人好，你只會跟著傻樂。你也不用太在意，畢竟，他們不是真朋友。」

判斷一個人是不是真朋友，就看他是不是真的盼著你好。

成天和你花天酒地的人不會希望你變得克己慎行，和你一樣肥胖的人不希望你變得苗條，和你一樣的無業遊民不希望你找到新工作，和你一樣吃著火鍋唱著歌、打著遊戲被當的室友也不希望看到你認真學習。

遇到一個見不得你好的人，我建議你換個角度來看待這種事情：

第一，他見不得你好，那說明你在某個方面已經事實上比他優秀了。

第二，如果你想讓他為這種惡毒的心理付出代價，那麼最好的方式就是讓自己取得更高的成就。

第三，如果你覺得他妒忌自己的樣子很可憐，那麼為了避免這種情況再次出現，你就別再向他透露自己的情況了。

人性的醜陋之處就在於：看到別人在美好的地方，不是想著自己也要去，而是想把對方拖進自己所在的泥潭裡，讓對方和自己一樣平庸，一樣乏味，一樣醜陋，一樣沒前途，這樣才能心滿意足。

大概是因為，看到別人變好了，就會顯得自己落後，顯得自己很土，顯得自己矮人一截，所以他就會拚命地踩你。

大概是因為，你做了並且做到了他們不敢想也不敢做的事，他們唯一能讓自己心裡舒服的方式就是挑出你的毛病、發掘你的缺點，甚至是盼著你摔回到和他們一樣的糟糕現狀。

就好比說，站在山腳下的人對著好不容易爬上山頂的人說：「上面那麼高，你還上去？這是智商不夠啊。」

如果你不小心摔了一下，他就會更加開心地說：「我都告訴你別爬了，你偏不聽。」

這種人有一種很卑劣的心理是：比起教你怎麼重振旗鼓，他們更希望看到你一蹶不振；比起關心你飛得高不高、累不累，他們更好奇你摔得痛不痛、慘不慘。

和「見不得自己好」的人待在一起，你本來就有的能力，可能會因為他的貶低而發揮不出你該有的水準；你原本愉快的假期，可能會因為他的奚落而陰鬱起來。

不如去尋找那些在你滔滔不絕的時候聽得津津有味，並且能夠和你交換見解和見識的人；不如去尋找那些願意在你準備大幹一場的時候告訴你其實很難，但是一直鼓勵你，並且會為你不斷取得好成績而高興的人。

這樣做的壞處是：你可能會受點委屈，可能朋友不多。

但這麼做的好處是：你會不斷成長，而那些人永遠都是爛泥。

一輩子很長，要和自己的同類在一起。

2

看過一部西班牙電影，名叫《你快樂，所以我不快樂》。看的時候不覺得恐怖，看完之後總覺得頭皮發麻。

男主叫凱薩，是某公寓的管理員，禿頭，單身，乏味，在工作上無法征服世界，在魅力上無法征服女人。

上班期間，凱薩兢兢業業，彬彬有禮；下班了，他就去醫院照顧失智的母親，向她講述這一天的經歷和見聞。

他看起來很隨和，偶爾還幫人照顧小狗，但實際上是一個心理極度扭曲的人。他的生活中沒有什麼值得快樂的事情，甚至想過一死了之，他活下去的理由就是看著別人痛苦。

藉著公寓管理員的身分，他為住戶製造了很多麻煩，當他看到別人抓狂、難過、沮喪的時候，他那一刻感到無比的滿足。

大概是因為他對自己的現狀極為不滿，所以才受不了看到別人幸福。

然而，新搬進來的姑娘克拉拉卻是個特例，她熱情、漂亮，對每個人都微笑，就像是個樂天派。凱薩忍受不了，於是就潛入克拉拉的臥室，等克拉拉熟睡之後，往她的化妝品裡注入化學品，在櫥櫃和冰箱裡放入吸引蟑螂的液體，還寫匿名恐嚇信給克拉拉……

但即使是遭遇了皮膚變差、睡眠變差、滿屋子是蟑螂、精神被恐嚇等一系列的折磨，克拉拉卻依然樂觀，這進一步激怒了凱薩，使他做出了更加瘋狂、變態、陰暗和猥瑣的事情，直到他成功地將痛苦植入克拉拉的生命中，他心滿意足地笑了。

見不得別人好的人遵循的邏輯是：既然我無法快樂，那最好是誰都別想快樂。類似於在說：我得不到的，那我就毀掉它！

所以你一定要特別小心，這種人問你「一切還好吧」，其實是想聽聽你說哪裡不好，如果你說哪裡哪裡都好，然後特別強調一下，這裡那裡特別好，那麼你已經在不經意間刺激到他了。

他問你「學得怎麼樣」，其實是想聽你說不怎麼樣，如果你說學得特別好，而且在閱讀理解和作文方面進步很明顯，那麼你已經惹到他了。

哦，對了，這裡還需要特別強調一下，有時候，別人討厭你，可能僅僅是因為你說話煩人，做事煩人，可能僅僅是因為你的道德出過問題，因為你在無意中得罪了他，不一定都是因為你取得好成績或者變得優秀了。

換句話說，這個世界的確有不少人是真的見不得別人好，但也有不少人會把他人的關心、提醒、反感或憎惡等一切不討喜的行為誤以為是別人見不得自己好。

比如說，A沒過四級，B也沒過，就你過了，那麼你熱烈地慶祝就有可能無意間破壞他們的心情。

C買了CP值最高的手機，D還在用他那隻舊手機，而你卻用最新最貴的手機，那麼你在他們面前炫耀就有可能打擾他們的生活。

我們無法解釋某些人突如其來的恨意，我們也無法預測某些人莫名其妙的惡意，我們能做的是試著體諒和包容，是懂得敬畏和保持謙遜。

在失意人面前不提得意事，這是常識！

所以你要時刻對自己保持警醒，因為不管是什麼事情，一旦你做出了一丁點的成績，一個不小心，你就會不由自主地賣弄起來。

生而為人，其實最難得的莫過於：容得下別人的風光，也按得住自己的囂張。

3

西方有個寓言：

一個人買了個燈回家，他點亮了燈以後，燈神出現了。

燈神說：我可以滿足你的任何願望，但是不管你要什麼，你的鄰居都會得到雙倍。

他聽了，心裡默默地想：如果我要一間大房子，我的鄰居就會得到兩間；如果我要一個億，我的鄰居就會得到兩個億。不行！這樣不行！

於是他清清喉嚨，對燈神說：我要你弄瞎我一隻眼睛。

大多數人理智上知道嫉賢妒能是錯誤的，但感情上已經紅了眼，會在各種地方搞些小動作，讓如日中天的人稍微落下西山，然後還非常友善地去開導別人：「沒關係的，再慢慢努力。」其實內心是一陣竊喜：「哈哈，沒有人知道是我幹的。」

如此說來，不能總盼著有人能為你雪中送炭，這世上，沒有人在你的臉蛋上抹黑，你就該對這命運感恩戴德了。

見不得別人好，實際上是見不得自己不好。

比如，鄰居買了一輛名車，某某人沒有去祝賀，也沒想著自己努力賺錢去買一輛，而是裝出一副「我毫不關心」的樣子，然後晚上偷偷去刺破名車的輪胎。

就像是，室友拿到了一等獎學金，某某人沒有恭喜，也沒有打算向別人學習，而是到處說別人在道德上有哪些漏洞。

又比如說，上學的時候，某某人參加了一個英語補習班，效果非常好，他就希望「最好別人都不知道這個補習班」。

畢業當上了設計師，某某人發現了一個超酷的網站，實用性非常強，他心裡就盼著「最好別人都不知道這個網站」。

問題是，就算刺破了名車的輪胎，就算他說盡了室友的壞話，也不影響他們事實上存在著差距。

就算別人沒有進那個補習班，就算同事沒有發現那個網站，上進且刻苦的人也會自己學習，自己研究，去別的補習班或者發現別的網站。

就算殺了公雞，你也擋不住天亮。

需要提醒的是，當你接觸的人越多，當你自身的層次越高，你就會發現：越有層次、越有教養、越有格局的人越是相互支持、共同發展，因為你好了，大家都好。

反倒是越狹隘、層次越低、缺乏教養的人，就越喜歡詆毀嫉妒、互相拆臺和鄙視，因為我不好，我也不想讓你好。

4

世界上之所以存在著那麼多「見不得別人好」的人，除了人性的醜陋之外，還有一個重要原因是：你知道得太少了。

成績平平的女生突然考上了一流學府，你會懷疑她是抄襲的，卻沒有看到她之前每天抱著厚厚的複習講義待在空蕩蕩的自習室裡，從晨光微露待到夜色深沉。

能力平平的同事突然高升了，你會懷疑他走了後門，卻沒有注意到他每天下班之後加班核對資料、和客戶溝通，從謹小慎微變得井井有條。

吊兒郎當的男生突然追到了校花，你會說他是巧言令色哄來的，卻沒有看到他早上一杯牛奶，晚上送她回家，從隔三差五變成風雨無阻。

同樣的還有，一看到誰創業成功，但年紀跟自己差不多，你就想去挖他的背景，看他是不是父輩人脈甚廣，是不是靠了爸。

一看到成績與年齡不符的有為青年，你就想去搜他身邊是不是有貴人相助，是不是潛了規則。

一看到突然就紅遍網路的漂亮女生，你就想去搜她有沒有整型，是不是欺騙了觀眾。

你習慣性地把比自己優秀的人歸類為「豪門貴子」和「福星高照」，然後堅定地認為：「他們其實沒費什麼勁」、「他們只不過是運氣好罷了」。

人為什麼要這麼做？

因為有些人不甘心，因為他們嫉妒別人的優秀，又容忍不了自己的平庸，所以一邊歇斯底里地嫉妒他們，一邊又心安理得地瞧不起別人。

而這也恰恰解釋了為什麼明明昨天還有說有笑地陪你吐槽戀人和老闆的同事，因為你突然晉升就對你疏遠了。別急著說人心叵測，他可能真的不知道你為此付出了什麼，而且他缺席了你熬過的夜、撞過的牆，所以他無法面對你突然就變厲害了的事實。

而你也要注意，如果下次再看到某某得獎了，換了大房子，買了新車，娶了佳人或嫁了良人，別急著疏遠，也別急著詆毀，先去了解一下對方做了什麼，付出了多大的犧牲，經歷了怎樣的曲折，然後再決定，是坦坦蕩蕩地祝福，還是勤勤懇懇地努力，又或者是五味雜陳地噴出一個「切」？

反正啊，那些無視別人的付出，只會想方設法地發出噓聲的人，注定會一輩子都在臺下當觀眾，而那些正視自身的不足，並賣力縮小和高手差距的人，則是在悄悄地做著準備，有一天要站在臺上！

17 所有命運贈送的禮物，早已在暗中標好了價格

1

雄孔雀的羽毛越長，牠就越漂亮，找到雌孔雀的可能性就越大。
但與此同時，牠被天敵盯上的可能性也越大。

2

先說一個笑話，事關一對情侶。
男生趁女生不注意，就在女生的脖子上親了一個吻痕。女生回家之後，吻痕被她媽媽發現了，媽媽就問她怎麼回事，女生撒謊說：「上課太睏了，自己掐了自己一下。」
媽媽不信：「你再掐一個給我看看！」
女生只好使勁地掐出了一個，這才涉險過關。

結果第二天，女生去見男生，男生見女生脖子上多了一個吻痕，就問她怎麼回事，女生坦白地說：「我自己掐的！」

男生不信：「你再掐一個給我看看！」

再講一個真實故事，關於Z姑娘。

Z姑娘小學的時候很不喜歡數學，作業做起來非常吃力，考試也經常在及格邊緣上下徘徊。

有一次，她因為前一天去親戚家玩，數學作業沒有寫完，所以第二天很早就去教室裡補寫，可是很多題都不太會，所以她越寫越著急，越著急越不會。

她的同桌就對她說：「要不你直接抄我的吧。」

Z姑娘先是拒絕了，因為在她看來，抄作業是非常丟人的事情。

但在同桌的再三慫恿之下，又迫於數學小老師馬上就要檢查了，她第一次違心地抄了作業。

然後，噩夢開始了。從那之後，這件事情就成了同桌威脅她的理由。

「你不把你的故事書借給我看，我就告訴老師說你抄作業」；

「你不幫我買東西，我就告訴老師說你抄作業」；

「你再和某某某說話，我就告訴老師說你抄作業」；

「你不幫我打掃，我就告訴老師說你抄作業」……

最過分的一次是，同桌和別人鬧不合，居然要Z姑娘做偽證，要她誣陷別人偷東西。

Z姑娘直接拒絕了，於是同桌就對她說：「你要是不這麼做，我就告訴老師說你抄作業。」

Z姑娘勃然大怒，對著同桌說：「要告你就告吧，我早就受夠你了！」

不知道是不是被嚇到了，同桌後來沒有去告訴老師，但Z姑娘為此忐忑了足足有大半個學期。

在期末考試之前的某個星期五，放學之後，Z姑娘終於鼓起勇氣去找數學老師。

Z姑娘坦白地說：「四月的時候，我數學作業沒寫完，就抄了同桌的作業，我知道錯了，老師對不起。」

結果數學老師非常溫和地對她說：「哦，知道了，以後不准抄了，快點回家吧。」

對於良心脆弱的人來說，說謊是一種代價極高的行為。

說了一個謊之後，你就需要說一個又一個的謊去圓之前的謊，一旦亂了套路或者水準太差而被人識破，你就有滿盤皆輸的危險。

更嚴重的後果是，因為你說了一個接著一個的謊言，你就免不了要做一個接著一個的錯誤選擇，最終你就可能顧不上公序良俗，而是滿足於繼續編造故事。

所有看得見的好處，都有看不見的代價。

你可以幾十萬、幾百萬地買粉絲，可以買來成千上萬次轉發和按讚，可然後呢？你的表現能夠配得上這麼多人的關注嗎？你的技藝經得起萬千觀眾的推敲嗎？你可以用甜言蜜語騙來好感，可以用PS過的照片贏得誇獎，可然後呢？你的真心能夠維繫這份感情嗎？你的真實模樣能夠讓人長時間心動嗎？你可以用弄虛作假拿下一個專案，可以靠蒙混過關拿到一份工作，可然後呢？你的實力能夠讓你完成這項任務並繼續取得別人的信任嗎？你的言行舉止能夠讓人尊重或者被人信服嗎？

畢竟，生活不是一鎚子買賣，而是環環相扣的因果報應。

你有美貌，那麼當美貌消逝的時候，你用美貌換來的所有福利都會反噬你，你可能比醜人過得還要淒慘。

你有好身材，那麼一旦你的身材走樣，你的心理落差和需要承受的詆毀會是別人的好幾倍。

你有才華，那麼僅僅一次事情搞砸了，就足以讓欣賞你才華的人倍感失望，甚至你會被人認為徒有其名。

你家境優渥，那麼一旦家道中落，你將會遭受的困難就會比那些白手起家的人要嚴重無數倍。

有幸得到某樣東西，一定要小心翼翼地侍奉它。不要以為自己的謊言天衣無縫，不要以為自己的行為可以瞞天過海。你的每一步都決定著你最後的結局，你的腳正在走向你自己選定的明天。

3

忘記在哪裡讀過一篇科普文章，說的是無尾熊，裡面有幾個讓人瞠目結舌的冷知識：無尾熊吃尤加利葉，並不是因為喜歡吃，而是因為搶不過別的動物，所以只能吃這種難吃的東西；尤加利葉有毒，所以我們看到無尾熊呆萌呆萌的，不是因為牠擅長賣萌，而是因為牠中毒了；為了能消化這些有毒的樹葉，無尾熊進化出了非常獨特的肝臟，能夠分離一部分有毒物質；剛出生的小無尾熊無法消化毒素，所以只能吃媽媽的糞便（據說營養豐富），吃到一歲多……

讀完的第一反應是想笑，但更多的是佩服，佩服無尾熊「懶」成了國寶，也佩服牠們因為懶而進化出了生存之道。

可是人類終究沒有這麼幸運，沒有資格成為國家一級保護動物，倒是很容易就變成國家一級廢物。

上學的時候，你是「做什麼什麼不行，裝瘋賣傻第一名」，以至於你絲毫感覺不到，現實社會早就張開了血盆大口，正虎視眈眈地在校門口等著你。

工作的時候，你是「習慣性無謂掙扎，持續性安於現狀」，以至於職場裡撞得頭破血流，一不小心就被修理得分不清東南西北。

基礎不好，你還不拚命往死裡學；時間不夠，你還成天虛度光陰；效率不高，你還放不下干擾你的東西……

既然你沒有豁出去一戰到底的決心，又沒有管理自己欲望的毅力，那你憑什麼怪別人搶走了你理想人生的門票？

你說你想變好看、變優秀、賺好多好多的錢，可你做的卻是讓自己變醜、變失敗、變窮的事情。

你因為一日三餐吃油膩的外賣而長出了肚腩，因為沒有看完複習講義而導致考試失利，因為工作馬虎而招致各種批評……

那你憑什麼要求生活對你好一點？它和你越來越沒有默契不是應該的嗎？它對你翻白眼不是很正常嗎？

切記，不盡力的願望都是瞎想，三分鐘熱度只能算作是夢想的試用品。

希望你在談論飛翔的時候，不要忘記地球還有引力；希望你在想變成厲害的人時，別忘了去做厲害的人要做的事情。

4

電影《飛馳人生》中有一個片段讓我印象非常深刻，曾在賽車界叱吒風雲的張馳在當賽車手的教練時，有個學員問他：「有沒有什麼一招制勝的絕招？」

結果張馳怒吼道：「憑什麼有這種絕招別人不會就你會啊？」

很多事情，你最終無法完成，或者做得比別人差，不是因為你的能力不夠，也不是運氣不好，而是你心裡總帶著僥倖，覺得這個地方可以投機取巧，那個地方能有捷徑。

但實際上，那些看起來很厲害的人，不是他們的天賦、運氣比別人好，區別僅僅在於，他們一直在做他們相信是對的事情，而有的人只是選擇了容易的事情。

同樣的道理，那些孩子懂事而且乖巧的家庭，不是這些孩子的基因占據優勢，區別僅僅在於，這些孩子的父母是從下午四點半以後就不再碰手機了，而有的父母則是一邊玩著手機一邊怒斥孩子怎麼不認真學習。

這世上的好東西確實很多，所以你更要努力，努力買得起，或者努力配得上。反正我這麼多年的經驗是：好機會永遠都不會到處群發，好東西從來都不會人手一份。

好東西對應的是高代價，好機會對應的是更辛苦，它們往往是捆綁銷售的。

如果一個記者不精進自己的文字功底，而是在想「反正也沒有什麼人看」，那麼不管他遇到什麼樣的大事件，都寫不出精彩的新聞來；

如果一個員工不把自己的工作當回事，而是覺得「反正做不做都不要緊」，那麼就算給他再重要的事情，他都能搞砸；

如果一家公司總是無視行業規則，而是覺得「反正不會出什麼問題」，那麼就算是有貴人相助，也免不了會陰溝裡翻船。

現實殘酷就殘酷在：你說對了，可能沒什麼人注意，一旦你說錯了，可能每個人都會注意到；你做好了，可能沒什麼人會記得，一旦你搞砸了，可能沒什麼人會忘記；你遵守規則，可能沒什麼人說你的好，一旦違規被曝光了，可能就會身敗名裂。

接受評價是社交的代價，哪個紅人不是在被無數的人黑？遵守規則是自由的代價，不信你看「自由」這兩個字，長得就像條條框框！

5

幾十年前的歐洲，在火車站或者機場這樣人流密集的地方，就會有一些裹著紅色長袍的人到處送花給匆匆而過的旅客。這些人不怎麼多話，就是一句簡單的問候，一個樸實的微笑，然後說：「這是我們贈送給您的禮物。」

大多數旅客不想失禮，都會選擇收下這朵花，但沒走幾十公尺，另一個裹著紅色長袍的人就會出現，先是跟你搭訕，然後要求你捐款，因為你之前接受過他們的小花，而大多數人都不喜歡虧欠於人，所以很多人都不得不選擇捐款。

一些經常去酒吧的女子都知道，在酒吧裡，永遠不要讓不認識的異性為自己買單，也不要接受陌生男子贈送的飲料，除非你想跟他發生點什麼。

同樣，超市裡、大街上主動找你搭訕，請你品嘗免費美食的人，你最好是禮貌地拒絕他們，除非你想買一堆你根本就不想買的東西。

任何事情都是有代價的。在你準備享受它的好處時，一定要想一想自己是否承擔得起它的代價。

比如說，有人當了陪酒女，習慣了吃吃喝喝、說說笑笑就賺到了錢，那她自然就受不了朝九晚五、辛辛苦苦地忙碌賺錢。但後果是，她的一生可能就廢了。

有人盜竊搶劫，輕輕鬆鬆地不勞而獲，那他自然就受不了靠擔抬扛搬賺的那點辛苦錢。但後果是，他可能很快就會鋃鐺入獄。

有人嗜賭如命，看著別人一個晚上就能賺到自己一年的薪水，那他可能就看不見輸的風險，而只是想著「贏很容易」。但後果是，他會輸得傾家蕩產。

又比如說，你想「做自己」，這沒問題，那你就得知道，做自己不只是誰都不聽、誰都不怕、誰都不管，還包括為個性付出代價；做自己不光是做你喜歡做的事情，還包括忍受差評、非議和不受歡迎。

你當然可以由著自己的性子活著，做明知道是錯的事，愛明知道是錯的人，但你得知道：所有的鍋都得自己背，所有的後果都得自己承擔。

你當然可以繼續用冷水洗頭，你能忍受頭痛就行；你當然可以沒完沒了地吃零食、燒烤和冰淇淋，能承受胃痛就行；你當然可以熬夜打遊戲或者看影片，你能接受精神狀態糟糕就行……

怕就怕，你既吃不了學習的苦，又受不了生活的苦；既不想吃賺錢的苦，又不想吃婚姻的苦；一邊貪圖放縱的快感，一邊又承受不起隨之而來的焦慮和空虛；一邊混吃等死，一邊沒完沒了地抱怨命運。

感覺就像是一個混吃等死的人在抱怨命運：「地球這麼大，為什麼就沒有我的八房五廳四廚三衛，一個後花園，外加一個游泳池？」

在給人教訓這種事情上，時間一直都是最優秀的老師，但遺憾的是，到最後，成績最好的學生都被時間弄死了。

6

哦，對了。看過一句話，覺得挺有意思的，原話是：「結局一定是好的，如果不好，說明還沒到最後。」

我改了一下：「結局往往都不如人意，如果你現在覺得還不錯，那說明還沒到最後。」

18

我們相愛，就是為民除害

1

如果有尬聊比賽，老徐一定能進決賽。

在追求葡萄小姐的時候，他們的對話是這樣的：

老徐：「你在幹嘛？」

葡萄小姐：「看電視。」

老徐：「誰買的電視啊？」

葡萄小姐：「我爸買的。」

老徐：「什麼牌子的啊？」

葡萄小姐：「……」

然而，就是這麼不會聊天的老徐居然成功地摘到了葡萄小姐的芳心。

打動葡萄小姐的是，老徐願意聽她廢話，也樂於跟她廢話。

葡萄小姐喜歡電子產品，老徐一開始會覺得「沒什麼用」。

葡萄小姐就拿出計算機一板一眼地對老徐說：「如果你覺得這隻手機貴，你就用這個價格除以三百六十五天，如果還覺得貴，就再除以兩年，平均每天才一塊多錢，一塊錢你不能做什麼，但是可以讓我開心，多值啊！」

老徐聽完就瘋狂點頭。

葡萄小姐隔一陣子就會買一個很貴的化妝品，老徐一開始覺得她「愛慕虛榮」。

直到葡萄小姐對他說：「每天看著盛氣凌人的主管，如果我塗的眼影是三十塊人民幣一大盒的，我就會小心翼翼一整天，但如果用的是七百塊人民幣一小盒的，我就感覺自己沒必要怕她；遇到難搞的客戶，如果我擦的是十塊人民幣的粉底液，我就會莫名其妙地選擇屈從，但如果當天用的是嬌蘭，我感覺自己說話的底氣會很足。」

老徐這才知道，葡萄小姐不是愛慕虛榮，而是沒自信。

還有一次，老徐剛到約會地點，葡萄小姐就對老徐發火了：「跟你說了一百遍，袖子不要捲那麼高！」

老徐瞬間就意識到，問題不是出在袖子上，而是估計葡萄小姐遇到了什麼煩心的事情。於是他誠懇地說：「你今天似乎有點不開心，雖然不一定是我造成的，但是我願意先道個歉！」

葡萄小姐「噗哧」就笑了，然後一五一十地講了她為什麼不高興。

老徐經常「投降」，但也沒少「參戰」。

比如有一次一起做飯，老徐就嘮叨個沒完：「火小一點」、「該放鹽了」、「鹽少一點」、「焦了焦了，快翻面」……葡萄小姐受不了了，就會怒吼：「我知道怎麼炒菜，你給我閉嘴！」

這時候，老徐就會狡黠一笑，然後慢悠悠地說：「你當然知道怎麼炒菜，我就是想讓你知道，我開車的時候，你絮絮叨叨個沒完是什麼感覺。」

又比如某次葡萄小姐對老徐咆哮：「你都活了二十多年了，怎麼還不如一件毛衣會放電？」

老徐也不甘示弱地回應：「你那麼喜歡發火，怎麼不去跟滅火器談戀愛？」

愛情裡最難得的是，你是他願意一擲千金去逗笑的好姑娘，他是你一籠小籠包就能哄好的少年郎。在你們眼裡，人世間的奇珍異寶實在太少，而對方是其中之一，並且還名列前茅。

他不會任憑你歇斯底里都無動於衷，而是偶爾俯首稱臣，偶爾劍拔弩張，偶爾火拚到底，讓你能夠淋漓盡致地發洩出來。

他跟你吵，也跟你好；他知道何時該收場，也知道如何去善後。

跟你吵是為了增進了解，跟你好是因為互相理解。

吵的意思是，我還想跟你走下去，但我不太清楚你為什麼會這樣想或者那樣做，因為我的想法是這樣，我的計畫是那樣，所以我拿我的真實想法跟你的真實想法拉扯一下。

而理解的意思是，我願意嘗試著走進你的世界，試著去接納全部的你；既接受我喜歡的那部分，也接受讓我不滿的那部分；既為你閃光的人性鼓掌，也不介意你人性的黑暗。

爭吵的最好結局，不是某個人單方面地道歉，而是雙方都消氣了。

所以我的建議是，吵就認認真真地吵，放開架勢去吵，把所有的不理解、不滿意、不甘心都說出來。

不要總是一副對方不理解自己的失望模樣，不要總是擺出一種對方辜負了自己的委屈心態。

人性都差不多，一自私起來就六親不認，一認真起來就不通人情，再加上每個人都擅長於原諒自己、偏袒自己，所以你才會那麼理直氣壯地怪罪他人、譴責他人。

所以在我看來，結婚時與其信誓旦旦地承諾「不論貧窮富貴、健康疾病都至死陪伴」，不如一起讀讀《進化論》和《自私的基因》，然後再坦誠地說：「我違背不了我的天性，但我還是想跟你在一起；我忤逆不了我的本能，但我還是想繼續愛你。」

怕就怕，你發脾氣也好，鬧情緒也罷，他都懶得理你。

結果是，委屈這種小怪獸被封在你心裡了，生活中的不滿、不甘和不安都成了這隻怪獸的飼料，隨著時間的推移，這隻怪獸越來越強大，直到有一天破籠而出，一口吞掉你的理性和你們的愛情。

想對全天下的男生說的是：為了玫瑰，你得幫刺澆水。

想對全天下的女生說的是：你的嘴巴再溫柔一點，他的耳朵會更聽話一些。

2

桃子小姐是個工作狂，最忙的那幾年，她一年三百六十五天差不多有三百天是在出差，各大航空公司都是金卡會員。

桃子小姐跟她老公認識了二十年，結婚了十二年，直到五年前才有小孩。

剛生完孩子的時候，桃子小姐患上了輕微的抑鬱症，有一天，她心血來潮為老公做了晚飯，結果她老公說了一句「這個魚有點鹹」，桃子小姐就委屈了一整夜，第二天還在生氣，然後拚了命地拖著她老公去離婚。

排隊的時候，她突然又反悔了，對她老公說：「我憑什麼要跟你離婚啊，我都跟了你二十年了。」

她老公笑著說：「不是你要來的嗎？反正我來這裡是為了陪著你，不是來離婚的。」

有一次，桃子小姐因為一點小事跟她老公冷戰。冷戰的期間，她轉了一篇文章給她老公，標題是〈兩口子吵架，難道都是老公的錯嗎？〉。

她老公以為她良心發現了，還沒有點開文章，就特別感動地跑過來抱了她一下，結果點開文章才發現，正文只有兩個大字：「是的。」

見她老公一臉的尷尬，桃子小姐笑得都快要站不起來了。

還有一次，因為她老公和朋友吃飯回來晚了，桃子小姐大動肝火，但她老公覺得自己沒什麼錯。於是，冷戰又開始了。

但吃飯時間到了，她老公就起身去廚房幫她煮了一大碗麵；等她準備睡的時候，她老公又躡手躡腳地幫她蓋上被子，但始終沒說話。

到了很晚的時候，她老公見她一直沒睡著，這才繳械投降了，一長串的道歉訊息中，有一句格外煽情：「我連怎樣讓自己開心都不知道，但不曉得哪來的自信，我想讓你笑。」

就這一句話，桃子小姐的氣消得一乾二淨。

雖然他也有自己的脾氣，但所有的事情都不及你要緊。比起面子，他更在意的是你有沒有按時吃飯，有沒有按時睡覺，有沒有好好地照顧自己。

他知道，你表達的永遠不是你所說的內容，而是渴望被理解的心情。所以就算是被你氣得冒煙了，你也依然是他心裡想要保護的人，他見不得你受傷，更不會負氣扔下你不管。

談戀愛談不下去，往往是因為兩個人各有一個劇本，且都不允許對方加戲改詞。就像是在說：「餘生不用你指教，乖乖聽我的話就好。」

尤其是隨著相處的時間久了，當激情退去，誰都會疲憊，節日禮物沒有新花樣了，情話也講得沒創意了，每天的話題更是越來越無聊……

慢慢地，你們對彼此的不滿開始增加，爭吵開始頻繁，曾經的怦然心動變成了說不出口的看著就煩，曾經可愛的某某變成了固執的某某。

感覺就像是，愛情越來越苦，糖顯然不夠用了。

但我想提醒你的是，生活並不總是一地雞毛，你先可愛了，生活也會跟著可愛起來；愛情也不總是雞飛狗跳，它既適合吵吵鬧鬧，也適合親親抱抱。

談情說愛最快樂的事情不是有求必應或者唯命是從，不是有了公用的錢包或者可以炫耀的顏值，也不是為了打發時間或者排遣寂寞，而是生活中所有的無聊或有趣，你都可以找人分享；是這漫長的一生中遇到的磕絆和糾結，你都有人商量；是這不靜也不好的歲月中有一個特別的人，讓你覺得活得歲月靜好。

因為你不能一個人看完世界上所有好看的書，不可能一個人經歷完所有世界上美好的事情。他沒有看過《傲慢與偏見》的故事，你也不知道宇宙黑洞的祕密，但你們可以互相說給對方聽。你們得到的美好是雙倍的美好。

你可以對他說：「我午餐吃了十八個蝦仁水餃，下午打了三十七個嗝，喝了六杯水。」他可以跟你說：「我下樓散步的時候遇見了一隻紅貴賓，牠用力地對我搖尾巴，還咧著嘴巴對我笑。」

你可以問他：「晚餐是點個外賣應付一下，還是自己下廚弄個簡餐？」他可以問你：「新買的鞋子是配牛仔褲好看？還是再選一件運動服？」

你可以跟他玩個浪漫：「嘿，一起去看星星吧，我請客。」他可以調侃你：「你吹蠟燭的樣子就像一個滅火器。」

所以，不要緊盯著對方身上的缺點不放，吵架從來都沒輸過的人，這一輩子注定會無欲又無趣；也不要緊盯著對方的過去不放，以前的故事和事故就都不要再追問了，就當你們都是從今天才開始活的。

而是多說廢話，多在對方身上挖掘優點，你會發現，眼睛才是世界上最好的修圖軟體——就算他胖成球了，在你眼裡也是一顆閃閃發光的水晶球。

願你能成為一個堅定的人，既能被某個人堅定地選擇，也能堅定地選擇某個人。

3

我知道，有太多的中學生、大學生，為了談戀愛而放棄學習，因為失戀甚至不惜糟蹋自己的生命，以為只有守住了愛情，才算是「無悔青春」；以為失去了「摯愛」，活著就沒有意義。

我也知道，有很多人在戀愛之後就把愛情當作唯一，一切都圍繞著愛情展開，一切都在為愛情讓步。

但結局往往不盡如人意，很多人在失去了愛情的同時，一併還葬送了自己的未來。而那個曾以為非他不可的人，卻再也沒有出現在你的生命裡。

你以為是他辜負了你，其實是你的成長沒有跟上他的腳步罷了。

你憤慨於一份感情被雙方父母生生毀掉，其實不過是在理智的父母們看來，你和他的條件不夠相配罷了。

最舒服的關係，永遠都是強者對強者的欣賞，而不是弱者對弱者的同情。

相配不僅僅是說你們的家世、背景、相貌不相上下，更體現在兩個人的才學、性格、能力、興趣和喜好能夠勢均力敵。

相比於用力過猛地單方面付出，心無芥蒂地大戰三百回合顯然要快樂得多；相對於死去活來地索取關心，真誠地袒露自己的需要顯然要可愛得多。

畢竟，愛是一場曠日持久的博弈，尤其需要兩個人勢均力敵。

如果對手太強就會讓人疲憊，如果對手太弱就會讓人厭倦。

換言之，不管你扮演的是愛還是被愛的角色，也不管你此時是處於優勢還是劣勢的一方，你都不該將自己視為對方的附屬品，也不該把對方歸類為專屬於自己的私人物品。

你們可以聊得熱火朝天，可以爭得面紅耳赤，但你們都清楚，對方只是為了弄清問題，不是在針對自己。

你們共處一室卻可以各忙各的，不會擔心冷場，也不會覺得打擾了誰。

你們完全地相信對方，到了會下意識地把對方做的事往好的方面去想的程度。

你和異性聊天，他心裡有「肯定只是普通朋友」的確信；你暫時聯絡不上他，你心裡也會有「肯定是沒看手機」的確信。

你們各抒己見但不會固執己見，不會說「你看看你怎麼這麼差勁，你再看看那誰怎麼那麼厲害」，也不會說「你必須如何如何」或者「你應該這樣那樣」。

你們發自內心地想成為一個更好的人，不允許自己拖了這段關係的後腿，不允許自己把餘生「扔」給對方。

兩個人最好要有一種默契：你還是你，我還是我，我能欣賞你的獨特，你能接納我的怪異；我知道你混蛋的地方，你也清楚我在哪些問題上容易炸毛。

我們能自在地面對彼此，也能坦然地接受彼此。我們都期待自己能夠變成更好的人，也清楚再好的自己也不過如此。所以我們不會因為對方變好了就妄自菲薄，而是想要努力與之匹敵；我們不會因為自己暫時取得了成績就覺得自己比對方厲害，而是相信對方取得好成績是早晚的事。

最好的愛情，不是「你負責賺錢養家，我負責貌美如花」，而是「你哪哪都好，我也樣樣不差」。

19 是你在玩手機，還是手機在玩你

1

玩一天手機是什麼體驗？

大概是你在前一天晚上捧著手機玩到半夜，所以第二天睜開眼睛已經是上午十點了。

但你還是沒有起床的勇氣，於是你習慣性地摸了摸手機。

這也不能怪你，畢竟「人是鐵，床是磁鐵」。

你最先看的是朋友圈。

你看見A去哪裡玩了，B吃了什麼好吃的；你看見C的小狗狗換了新造型，D的小寶寶越來越可愛；你看見E公布了自己一天的行程，F發了一堆亂碼和感嘆號……

你一個個按讚或者評論，一不小心，半個小時就過去了。

然後，你「轉戰」微博。

你關心G男星和H女星到底是誰辜負了誰；你關心J大神和K大神的爭論又出現了

什麼新證據；你關心L男孩到底有沒有認回自己的親媽；你關心M主角又洩露了哪些電影內幕；你還會操心N國跟P國有沒有通過貿易協定，而Q總統又說了什麼驚世駭俗的言論……

一不小心，一個小時就過去了。

這時候，你的肚子開始有意見了，你意識到自己該吃飯了。

於是你打開外賣軟體，這家看看，那家瞧瞧，為了湊足送餐門檻，你也是煞費苦心。

一不小心，半個小時又過去了。

吃飯的時候，你開始看抖音，至於剛送來的外賣是什麼，健不健康，好不好吃都已經不重要了。

反正，短片裡的小哥哥、小姐姐都很可愛，好聽的歌讓你很嗨，而好笑的段子讓你每隔幾分鐘就能笑出鵝叫聲來。

一不小心，兩個小時就過去了。

等到眼睛酸痛，頭腦發昏，你終於意識到該休息一下了。於是，你把滾燙的手機往床邊一扔，然後揉了揉眼睛，大約過了三十秒，你又情不自禁地拿起了手機。

你也不知道要做什麼，也沒有人找自己，反正就是放不下手機，於是你解鎖，關上，再解鎖，沒完沒了地循環著。

等到自己無意間瞄了一眼窗外，這才猛然發現外面已經華燈初上，一天就這麼過了。

你有點吃驚，夾雜著一些虛度時光的懊悔，但還來不及做反應，你再次拿起了手機。畢竟，朋友圈裡又有了新動態，微博裡又有了新鮮事，淘寶裡又有了降價提醒，影劇軟體裡又有了新劇情……

就這樣，不用腦子的愉悅逐漸被巨大的空虛和焦慮所替代。

久而久之，你既沒有了仙氣，也沒有了煙火氣。

手機玩得越多，你就離現實越遠。

你看著被按讚了幾萬次的影片，刷著被轉發了幾千次的微博，喊著和別人一模一樣的口號，但所有這些都跟自己的生活沒有一毛錢的關係。

你看見的只是別人剪輯過的詩意與遠方，卻欣賞不了身邊的落日與晚霞；你聽見的只是別人加工過的快樂，卻聽不清戀人的期待；你得到的只是隔著螢幕的泛泛之交，卻感受不到身邊人的關心和需要。

那麼請問一下，是你在玩手機，還是手機在玩你？

2

我是第二天早上才看到他的私訊的，內容很長，而且文筆很好。

他說他很焦慮，得了一種「即使沒什麼事也要盯著手機」的病。

他說他一天到晚就想玩手機，而一旦掏出手機，其他的事情就會變得異常艱難。

推進工作進度很難，看完一本書很難，下樓運動很難，上網路課程很難，洗澡很難，甚至就連哄女朋友都很難……

他說他每天都很焦慮，「就像頭上總是跟著一團黑雲，現實生活一有什麼風吹草動，心裡馬上就有一場狂風暴雨」。

更嚴重的後果是，越來越多的計畫都擱淺了，越來越多的喜好都無感了。

他一邊自責，一邊失控，就像獵人射完了最後一枝箭，但依然沒有命中目標。

就是那種，明知道一直玩手機不好，也知道應該放下手機，但就是戰勝不了手機這個「惡魔」。然後什麼都不想做，做什麼都提不起精神，等到事情搞砸了，就安慰自己說：「算了，都已經這樣了，還是繼續玩手機吧。」

在私訊的結尾，他連發了三遍：「我該怎麼辦啊？」

我回答道：「繼續玩唄，畢竟這樣的好日子已經所剩無幾了。當你成家立業，上有老、下有小，還有房貸、車貸的時候，你腦子裡想的只會是『如何賺錢』。所以，玩吧。」

我能說什麼呢？

要你關機？你忍不了十分鐘就會重新開機。

要你把手機交給別人保管？你不到兩個小時就會搶回來。

要你把充電器扔掉？你會慷慨地再買三個。

要你把手指剁了？你會用腳趾玩！

手機會給人一種錯覺，讓人誤以為自己很重要。

但實際上，你真的沒有那麼多需要立刻回覆的訊息、電話；你的微信、微博裡的新內容也並不需要你及時地按讚或者評論。

與其浪費時間刷無聊、刷寂寞、刷空虛，不如好好經營現實中的友情、親情和愛情。

就算你每隔五秒鐘打開一次微信，不想理你的人還是不會理你；就算你一件不漏地了解世界的大事小情，與你無關的事還是與你無關。

如果你把大把的時間都用來接收這些無用的資訊，你哪有時間去變成有用的人？

更嚴重的後果是，一旦你習慣了這種「低成本、高回報」的刺激，你就很難去做那些「高投入、回報慢」的事情了。

那麼你呢？

旁人勸你放下手機，勸你移除抖音、微博、淘寶、知乎、今日頭條，勸你讀幾本喜歡的書，勸你到樓下隨便走走，勸你去外面騎騎車，勸你去見見朋友……

可是一整天下來，你最終卻發現：還是玩手機最省錢，最省心，最有趣。

你甚至覺得：離開了手機，連買一瓶礦泉水都好麻煩。

好不容易聚了一回，才聊了三句話，你就低頭滑手機去了，然後回家發朋友圈，精修幾張誘人的食物圖，再配上一句「今天和朋友聚會，聊得挺開心的」，然後就非常滿足地等著別人成堆的讚和評論。但實際上，你並沒有參與聊天，也並沒有開心。

你的社交變了一種風格，由從前的觥籌交錯、推心置腹，變成了「飯飯之交」和「點讚之交」。

就像是在提議：「有空一起去玩手機吧」、「很高興跟你一起玩手機」、「我想你了，好久沒有一起玩手機了」、「很開心跟大家聚在一起玩手機」、「下次一定帶行動電源招待你們」……

和家人見面，你照舊是手機不離手。骨肉至親說了什麼你都在敷衍了事，卻和那些八竿子打不著的網友聊得熱火朝天。

你在手機裡看著別人吃喝玩樂，到處走走停停；看著別人摸貓玩狗，寄情山水天下。

你也曾想過回歸現實生活，但當你關掉手機之後卻突然發現：現實裡一片狼藉，自己既沒什麼朋友，也沒有詩意和遠方。

你甚至覺得：不是自己愛玩手機，而是除了手機之外，自己無人理睬。

情緒不佳的時候、遇到困難的時候、無所事事的時候，你的第一反應都是拿起手機，然後像個機器人一樣點點點。

以至於不管你哪裡不舒服，你媽媽都覺得你是玩手機玩出來的。

對你來說，停電一天可以，但手機沒電一分鐘都不行；一個人待著，人間還不錯，但如果沒有訊號，那人間就是煉獄！

成天嚷嚷著要自由，但真給你自由的時候，你反而不知道該做什麼了，只會躺著玩手機，坐著玩手機，站著玩手機。

結果是，當你的網路或者設備正常運轉時，你也正常運轉，而一旦你的設備或者網路出現了問題，你也隨之出問題了。

3

iPad 在 2010 年首次發布的時候，賈伯斯曾經這樣描述它：「這是一個非凡的設備，你會得到前所未有的瀏覽體驗，那將是難以置信的感受。」

數個月之後，iPad 火熱上市，《紐約時報》的記者採訪賈伯斯：「你的孩子一定非常喜歡 iPad 吧？」

結果賈伯斯回答說：「他們還沒有用過 iPad。在家裡，我會嚴格限制他們使用電子產品。」

巧的是，在矽谷有一所學校規定：「學生在八年級之前不允許使用電子產品。」而讓人吃驚的是，這所學校的學生家長大部分都是矽谷的技術高層。

這些最熟悉電子產品的人為什麼要讓自己的孩子遠離電子產品？

那是因為這些人最清楚：電子產品有多誘人，就會有多害人！

這些設計手機和手機軟體的人，為了讓你用起來更方便、玩起來更過癮，會挖空心思地研究你的習慣、需求和愛好，他們會對一個按鈕的位置、大小、形狀和顏色反反覆覆地推敲，會對某項功能帶給人的愉悅感受進行來來回回的測試和調整，最終給出一個最令人舒服、最容易讓人上癮的方案。

他們會設定誘人的目標，比如分數和排名；他們會給出不可抗拒的及時回饋和互動，比如點讚、評論；他們會讓你毫不費力地挑戰成功，比如遊戲的升級；他們會製造一個又一個的懸念，比如影劇作品。

他們還會根據你的喜好來決定內容。比如你喜歡這個款式的鞋子，那麼你手機上都是類似的東西；你喜歡炒股，那麼你看到的都是股票的資訊；你喜歡體育，那麼到處都是體育新聞。

更可怕的是，你看不到盡頭。

假如你是看雜誌或者讀書，當你讀到一頁、一篇、一本的結尾時，你會有機會停下來想一下：是繼續讀下去，還是做點別的事？

但電子產品提供的內容卻是滾動出現的，影片結束了一個還有一個，遊戲結束了一局還可以再來一局，段子看完了也還有更好玩的……

換言之，每個手機軟體背後可能有成百上千個設計師在想盡一切辦法把你留在手機面前。

除了內容，還會配合各式各樣的資訊、提醒、更新、邀請、短訊……隨時隨地把你的注意力拉回到螢幕上。

手機看似是在對你投其所好，但實質卻是在為你戴上鐐銬。

你一個涉世未深的人，怎麼可能敵得過那些「老謀深算」的產品經理？

普通的你就像是實驗室的小白鼠，很難在如此強大的誘惑面前不動聲色。

除了誘惑，人類的基因也要負一定的責任。因為對動物而言，長時間專注於一件事情是非常危險的。

簡單來說就是，你在看書的時候，你的腦子會對你發出指令：「喂喂喂，小屁孩，注意觀察環境。小心腳下，別踩空了；小心前面的灌木叢，裡面可能有隻白眼狼；小心隔壁山上的老王，他隨時可能衝過來搶你的燒烤口味洋芋片。」

但我想提醒你的是，難做的事情和應該做的事情，往往是同一件事情。

畢竟，你不需要像遠古的祖先們那樣面對危機四伏的森林，你需要的是注意力的聚焦，把你的時間、精力、才華統統用在最重要的事情上，就像陽光透過放大鏡那樣，把一張紙燒穿。

你必須專注於某一個目標，才有機會拿下它，才不會被那個左顧右盼的自己帶進一個效率極低的尷尬境地，才不會被拖拖拉拉的自己斷送了本可以更加美好的未來。

生而為人，你要有骨氣，不能別人讓你看什麼，你就看什麼。

4

「今日頭條」的張一鳴先生曾說過這樣一種觀點。

他說人可以分為兩類：一類是追求效率的少數菁英，他們知道自己想要的是什麼，所以能夠做到心無旁騖。

另一類則是大部分需要圍繞一個東西打轉的人，不管這些東西是遊戲、小說、愛情，還是今日頭條，有些人需要沉迷其中。

那麼你是屬於哪一類？

你覺得是工作離不開手機，但你本來打算用手機傳一個檔案到電腦裡，結果拿起手機就忘記了初衷。

熱搜榜讓你不可自拔，每一個突發事件你都想知道起因、經過和結局，每一個上榜人物你都想知道他的前世今生。

你曾想用手機學習、看書，還專門列了詳盡而且豐富的學習和生活計畫，還曾信心滿滿地覺得在捷運上、計程車上，在排隊時，可以把那些零碎的時間都利用上。

但事實是，你往往是一頁電子書都還沒讀完，就已經不知不覺地點了十個 App。

你曾積極地參與「知識付費」，但對你而言，知識付費最明顯的效果是「付費了」，至於有沒有得到知識？自己讀了些什麼？你的腦子幾乎是一片空白。

你以為手機可以幫自己拓寬視野，擺脫無聊和寂寞，結果卻被手機推到了腦袋空空、兩手空空，同時和真正重要的人漸行漸遠的尷尬境地。

你以為可以用手機去充分利用零碎時間，卻沒想到最先碎掉的是你的注意力。

手機並沒有幫你打發掉零碎時間，而是把你的時間打成了碎片。

5

哦，對了。

手機終究只是一個工具而已，它的意義在於為生活錦上添花，而不是落井下石。跟手機較勁時，你得有「躲」的智慧。白話地說就是：我打不過你，我還躲不過嗎？怎麼躲呢？我總結了五個親測有效的方法：

第一，關閉所有的提醒，包括通知、聲音、震動，但來電除外，以防急事。

第二，學習或者工作的時候，務必把手機調成靜音模式，並放在視線之外，然後抽出一個時間去集中處理資訊。

第三，為自己下一個命令：手機不許上餐桌，不許進廁所，不許上床。

第四，每天定一個具體的目標，越具體越好，然後養成用一大段完整的時間去搞定目標的習慣。

第五條尤其有效，每次準備伸手拿手機的時候，你就問自己：「不看會死嗎？」

20
來日並不方長，後會可能無期

1

曾看過一個男生的故事，說他小時候和爸爸一起春遊，在路上遇見乞丐沿街乞討。

其他孩子的家長都在警告孩子：「你不好好念書，將來就會像這些乞丐一樣，只能討飯吃。」

而這個男生的爸爸則語重心長地對他說：「你要好好念書，將來才能讓這些人都有工作，不用活得這麼糟糕。」

曾聽到一個女生說，她曾和幾個補習班的朋友蹺課出去玩，結果模擬考試被老師懲罰性地給了零分。

其他家長都會打罵自己的孩子：「啊，補習班這麼貴，你對得起我嗎？你知道我賺錢有多不容易？」

而這個女生的爸爸則笑呵呵地對她說：「今天去吃火鍋，慶祝你人生中唯一一次考零分。」

曾聽到一個大齡男子說，他曾對媽媽坦白：「我最近在暗戀一個有錢人家的女兒，她人很漂亮，而且很有修養……」

如果換作別的媽媽，可能會打斷兒子，然後嘲笑說：「你也不撒泡尿照照自己。」而這位男生的媽媽則笑呵呵地聽了好半天，然後鼓勵他說：「喜歡就去追啊，你有機會接觸到這麼優秀的人，這說明她命中注定有此一劫。」

曾聽過一個開竅比較晚的男生說，他八歲才會算五十以內的加減法。

如果換作別的家長，估計早就被氣得中風了。

但他的媽媽卻當眾對他豎起了大拇指，並且一臉興奮地說：「我兒子真棒！」

曾聽過一個成績常年在班級裡倒數的女生說，她曾經非常絕望地問爸爸：「我是不是真的很蠢？」

如果換作其他的家長，可能會露出不耐煩的表情，然後再打擊幾句。

但這個女生的爸爸對她說：「你知道嗎？鍋越大，水燒開就越慢。別人只是鍋小而已，所以很快就開了。但是你的鍋大，得慢慢開。你現在可能不如別人，但你以後一定會比別人做得更好！」

曾聽到一個品學兼優的女大學生說，她曾在媽媽面前哭得聲嘶力竭，因為自己暗戀多年的班長和一個智力、長相、家境都遠不如自己的人在一起了。

如果是別的媽媽，可能會對孩子說「你就不能有點出息」或者「那個男生瞎了眼」。但這個女生的媽媽則是說：「不是只有第一名才有資格被人喜歡，不是最優秀的人也可以被人喜歡的。」

曾聽到一個孕婦說，她在老公出軌之後，就向媽媽透露了離婚的想法。這要是別的家長，可能會勸勸她：「為了孩子，你再想想吧。」而這個孕婦的媽媽則說：「你想離就離，孩子想生就生，你養得起自己，也養得起你肚子裡的孩子。」

家長對子女的寬容、理解、尊重會變成靈魂的盾牌、肌肉和能量，足以讓子女在日後的風雨人生中步伐穩健、底氣十足。

相反，家長對子女的刻薄、詆毀、冷漠會變成情緒的綁匪、牢籠和黑洞，足以摧毀子女本該光明的人生。

如果你用爬樹來判斷一條魚的能力，那麼這條魚只能用一生來相信：自己只是一個蠢貨。

對子女來說，有人偏愛，就像有人撐腰似的，做什麼都會底氣足一些；沒有人愛，這漫長的一生就像是犯了錯誤一樣。

也就是說，能擁有善解人意的父母絕對是一個人此生當中最大的福氣，因為只有極少數人才能如此幸運，幸運到父母沒有阻撓自己，而是在成全自己。

2

在中國東北有種很好玩的「懟人」文化，就是孩子跟家長要什麼，孩子就會變什麼。

比如大鵬說：「媽，我想吃一根冰棒。」

他媽媽就會說：「我看你就像冰棒。」

比如大鵬說：「爸，我想看一下電視。」

他爸爸就會說：「我看你就像電視。」

作為土生土長的東北人，大鵬的父母在懟人這種事上的造詣絕對是大師級的。

有一次，大鵬在微信裡對他媽媽說：「大連的冬天可真冷啊，風咬得我骨頭都疼了。」

結果他媽媽回覆道：「你身上那麼多肉，風怎麼可能咬得到你的骨頭？」

還有一次，大鵬在電話裡問他爸：「我能不能找個年紀比我大一點的女朋友？」

結果他爸爸先是「切」了一聲，然後說：「有人喜歡你的話，比我大都行。」

雖然被懟了很多年，但大鵬堪稱是孝順的典型。

有個下雪天，大鵬獨自加班到晚上八九點，在公司門口看見有個老太太躺在地上，鏡腿還把她的臉刮破了。大鵬二話不說就把老太太扶了起來，又是聯絡老太太的家人，又是擦拭傷口，還買了熱奶茶給老太太，直到老太太被她的家人接走。

我問他：「四周都沒有人做證，你怎麼就敢扶她？」

結果大鵬笑著說：「我也不敢啊，但我怕我爸媽摔倒的時候沒有人扶。」

我又問：「加班那麼晚，你幹嘛那麼拚？」

他的回答讓我終生難忘：「我希望我爸媽在買東西給他們自己的時候，能像買東西給我那樣乾脆。」

微信剛出現的時候，大鵬就手把手地教爸媽玩微信；微博剛紅的時候，他就特地買了兩隻智慧型手機教他們玩微博；抖音紅了，他又買了 iPad 給兩老，還騙他們說是公司發的，沒花錢。

結果是，他媽媽成了社區裡赫赫有名的「微信鬥圖大王」，沒有誰的動圖有他媽媽的新奇和搞怪，大鵬時不時還會要媽媽多傳一些給自己，說是要哄女朋友開心。

他爸爸則成了粉絲破萬的抖音小網紅，影片裡經常發自己寫的毛筆字和晨練時打的太極拳，甚至有不少人慕名想要拜他為師。大鵬則時不時地向爸爸請教怎麼拍攝影片，怎麼跟粉絲互動……說是為了工作所需。

大鵬一有時間就帶著爸媽出門閒逛，然後拍一堆照片回來，哪怕是最沒勁的「到此一遊」式的擺拍，大鵬也表現得極具耐心。

因為他知道，對父母來說，重要的不是去哪裡玩，而是和誰去玩了；重要的不是拍得美不美，而是這些照片能讓他們在朋友圈裡炫耀好多天。

盡孝的方式有兩種：一是努力讓自己成為父母的驕傲；二是盡可能地讓父母覺得他們還有用。

怕就怕，你的青春叛逆遇到了他們的不善表達，結果就造成了兩代人的「冤冤相報」。

你搞不懂父母為什麼會因為你在家睡了一天而生氣，明明你遠離了外面的紛紛擾擾，沒有闖禍，沒有亂花一毛錢。

父母也搞不懂你為什麼那麼愛玩手機，明明給了你舒服的生活和學習環境，明明幫你報了那麼貴的補習班，買了那麼多的教材。

結果是，最容易讓你喜出望外的居然是個陌生人，因為你從未對他有任何期待，所以他給了一點點好就讓你格外感動。

而最容易讓你失望的居然是父母，因為你習慣了他們的愛，所以就算他們把最好的都給了你，你依然覺得不夠。

你對外人百般溫柔，對父母卻萬分刻薄。

你一邊啃著老，一邊埋怨父母沒錢沒權沒本事；你一邊對父母大吼大叫，一邊在父親節或者母親節的時候發了「子欲養而親不待」的感人段子。

甚至還在安慰自己說「來日方長」，然後向他們承諾「等有時間了」，但這樣的鬼話除了能成功地騙到你自己，還有誰信？

沒錢帶他們出門旅行，那陪著他們下樓走兩圈總行吧？沒時間經常見面，那在視訊時好言好語地聊幾句總行吧？

實際上，你只是對父母沒時間，卻有時間刷微博、發朋友圈，有時間跟那個對你愛答不理的某某尬聊，有時間一口氣看十集連續劇。

我所理解的不肖子孫就是，當你向父母索取的時候，父母總是擔心自己給得不夠；而當父母需要你的時候，你卻心安理得地大打折扣。

3

父母有多偉大，為人父母的時候最清楚，比如梓怡。

結婚之後，別人都勸她早點生孩子，形容孩子是天使，身體軟軟的，笑得甜甜的，而且比老公還要親，說將來她老了病了，孩子會不離不棄地照顧她。

但生完之後，她才意識到，孩子就是戴著天使面具的魔鬼。她的身體不再屬於她了，而是孩子的食堂；她的靈魂也不是她的了，而是孩子的奴僕。

不管她一整天有沒有吃東西，孩子餓了，她就得把這個親生的小惡魔餵飽。不管她一整夜有沒有睡覺，早上六點半，她親生的冤家就一定會準時地把她從被子裡「挖」起來。

當她帶著孩子在賣場裡逛了半天，然後飢腸轆轆去吃肯德基的時候，剛咬了一口漢堡，孩子就拉了。她就得急急忙忙地抱著孩子進廁所，整理完再回來，發現桌子上的東西都被服務員當成垃圾收走了。

當孩子感冒發燒的時候，她要全程抱著孩子排隊掛號，陪著他打針吃藥，胳膊和腰累得都像要掉了一樣但還得咬牙堅持，那時候才真正明白什麼叫生不如死。

即使如此，在孩子一周歲時，她發的朋友圈是：「生你之前，你媽媽已經痛了一天一夜；生你那天，好多醫生、護士大半夜起來迎接你。你以後千萬不要說人間不值得。」

在和孩子一起乘坐飛機時，遇到了顛簸的氣流，她的第一反應是：「如果發生了意外，我願意用我的命換孩子活著。」

父母有多偉大呢？

你懶，你不努力，你任性還愛頂嘴，你對他們沒有好臉色，你嫌他們囉嗦，但他們卻幾十年如一日地愛著你、慣著你……這並不是他們欠你的，只是因為他們愛你而已。

如果可以陪你，他們甚至捨不得讓你見識到江湖的險惡，甚至希望你一直長不大，甚至希望你永遠天真、善良、活潑，永遠帶著孩子氣活著。

但因為他們深知自己不能永遠陪你，所以他們希望你早點長大，變得強大，以便你在未來沒有他們的日子裡，能不被欺負，不受傷害……

然而可笑的是，世人都想拯救地球，卻沒有人幫媽媽洗碗。

不是「唯美食與愛不可辜負」，而是「唯前途和父母不可辜負」。

有一天，當你發現媽媽煮菜難吃，發現爸爸老咳個不停，發現父母喜歡吃稀飯，過馬路反應慢了，不再愛出門……這不表示父母越來越討厭了，這只能說明：你的父母真的老了！

而此時，你想不起來父母是從什麼時候調整了對你說話的語氣和姿態，反正就是突然發現，他們和以前不一樣了，沒有了命令、威脅和責罵，更多的是唯唯諾諾和小心翼翼。

就像你再怎麼用力都想不起來，到底是哪年哪月哪日，父母把你從懷裡放在了地上，然後就再也沒有抱起來了。

父母是子女前半生唯一的觀眾，子女是父母後半生唯一的依靠。希望父母不要錯過了子女的前半生，也希望子女沒有錯過父母的後半生。

人生能留下的，只有遺憾和剩飯。

關於感情，失去是最好的教育；關於活著，死亡是最好的教育。希望大家趁早明白：懂得珍惜，才配擁有。

世界上最糟糕的感覺莫過於，當有一天，父母不在了，你感覺自己，來路不明。

4

前陣子，一組名叫《爸，其實我早戀過》的漫畫刷爆了朋友圈。

漫畫中的男生有一段精彩的內心獨白：「我覺得爸媽其實不了解我，他們不知道自己的孩子寫情書有多厲害，他們不知道自己的孩子其實挺受歡迎的，他們不知道自己的孩子失戀了也吃不下飯。我本來打算跟他們提一下的，但是我不敢，因為大人們反對早戀。但其實關於早戀的事情，該經歷的我都經歷了，唯一可惜的是，爸媽沒有陪我一起經歷。」

在結尾，男生說出了無數少男少女的心聲：「我更想看到的是，父母告訴自己的孩子：別怕，喜歡就和他在一起；別難過，分開了就和我們在一起。」

其實，父母和子女之間是必然會存在誤解的，因為子女看不到父母的前半生，父母也看不到子女的後半生。就像是，你不知道我從前經歷過什麼，我也不知道你想去往何方。

脾氣火爆的家長會一邊咬牙切齒地揍孩子，一邊疾言厲色地斥責：「你認不認錯？你說一句『我錯了』、『我再也不敢了』，我就不揍你了。」

但孩子寧願選擇挨揍，也不肯服軟，因為在孩子看來，自己沒錯。

聲音洪亮的家長會一邊吼孩子，一邊告訴孩子：「媽媽吼你，是因為我愛你。」其實是家長混淆了自己的憤怒和好意。

更嚴重的後果是，孩子也會變得像家長一樣，越來越習慣用發脾氣的方式來表達自己的愛。

做家長的可能不知道，每次在電話裡聽到你提起那些童年夥伴的名字，你的孩子可能會非常難過，非常焦慮，感覺就像是在聽一場賽事解說，誰結婚了，誰生孩子了，誰買車了，誰升職加薪了……而自己成了父母的賽馬，還需要努力跑得更快些。

如果一個乖巧、聰明、學習好的孩子是所謂懂得感恩的孩子，不是這樣的孩子就對不起父母，是逆子，那麼，根據對等原則，不聰明、沒有錢的父母，是不是就可以被自己的孩子歧視？婚姻關係處理得一團糟的父母，是不是應該被永久剝奪催婚權？

比起不努力的孩子，我更擔心不上進的家長；比起不愛學的孩子，我更擔心不去玩的大人。

我想對家長說的是：如果你把逼孩子的力氣用在你自己身上，你的孩子早就成為富二代了。與其望子成龍，不如你自己先變得勤快一些。有空的時候讀讀書，孩子自然耳濡目染；忙碌的時候就認真努力，孩子自然也上進。

事實上，孩子不會按照父母期待的那樣長大，而是會按照父母本身的樣子長大。

我想對子女說的是：你可以過你想要的那種獨立生活，但你也需要給父母一些參與你生活的機會。理解他們的不容易，尊重他們的不變通。當你將來有了孩子的時候，要不斷地告誡自己別再犯父母那樣的錯誤，要決心做一個開明和有愛的父母。

事實上，所有不懂愛的父母都曾是沒有得到愛的孩子。

5

哦，對了。

最新的科學研究表明，孩子挑食的主要原因是，家長做的飯不好吃。

21 惜命最好的方式不是及時行樂，而是嚴於律己

1

和橘子小姐一起喝咖啡，我習慣性地灌了一大口，結果她悠悠地說了一句：「我真的是太喜歡熬夜了，我真覺得我上輩子就是個路燈。」

然後我就笑噴了。

等我手忙腳亂地收拾了現場，她遞給我一份體檢報告，我看到「腫瘤」這個詞的時候就猛地把報告闔上了。

她搗著嘴巴笑，然後指著我說：「是良性的。我拿到這份報告的時候，反應跟你一模一樣。」

然後她翻開報告，指著其中一頁的「良性」兩個字對我說：「世界上最動聽的話真不是什麼『我愛你』，而是『你的腫瘤是良性的』。」

我問她發生了什麼，她就粗略地說這個沒什麼大礙，說注意休息就沒問題。

再然後，她省掉了醫生的告誡，省略了這個腫瘤會帶來哪些影響，而是著重跟我強調了「休息」的重要性。

我問她：「那你以前為什麼不早點休息？」

她反擊我：「你以為我願意嗎？那麼多的工作堆在那裡，那麼多……」

我插了一句：「嗯，當然不是你願意熬夜，是黑夜需要你這顆璀璨的星星。」

她笑呵呵地說：「以前睡不著覺，我也數過羊，但別人數羊都能睡著，我是越數越清醒。每次數著數著，我就覺得有幾隻小羊會站出來抗議，說『喂喂喂，你能不能用心一點，你都已經數過我一次了』。」

她抿了一口咖啡，接著說：「也不知道是因為怕死，還是因為醫生的手段太高明了，最近一個月，我的作息規律得像個機器人。」

我問：「醫生的手段是什麼？」

她說：「醫生知道我喜歡熬夜，知道我沒什麼自制力。所以他就要求我和他打賭，如果我晚上十一點還沒睡，就轉三百塊人民幣給他。」

講到這的時候，她「噗哧」地笑了：「你也知道，我是個財迷，熬夜眼睛痛什麼的都可以不在乎，但是轉帳給別人就會特別心疼。」

我又問：「那現在感覺怎麼樣？」

她得意地說：「現在每天很早就睡了，每天的精神狀態都超好，前幾天的複查結果顯示，腫瘤小了一丁點。」

一個人最好的狀態是：每一夜都能乾乾淨淨、心安理得、筋疲力盡地入睡，每一天也能清清爽爽、心平氣和、精力充沛地醒來。

所謂熬夜，就是讓自己和醫生的距離再近一點，就是把第二天的生活難度再提高一檔，就是把生命的長度再削掉一截。

那麼你呢？

白天不努力，晚上不休息，然後揪著頭髮焦慮地喃喃自語：「活著怎麼這麼累？」管不住嘴，邁不開腿，然後躺在床上用力地思考：「別人怎麼可以那麼美？」

同樣是二十四個小時，你的早晨從中午開始，你的晚上從零點開始。

同樣是看連續劇，別人是一個晚上看兩集，你是一個晚上看兩季。

也就是說，你熬夜是因為你的意識深處在懲罰你今天絲毫沒有進步，沒有任何經驗和閱歷的上升。

結果是，一看文件就「好睏呀」，一碰啞鈴就「好累呀」，一提喝酒就「好的呀」。

你可能會覺得：「熬夜有什麼關係？自己的命，當然是怎麼舒服怎麼來，小痛小病的都無所謂。」甚至還會天真地認為：「人類的壽命會增長到一百歲，甚至更多。到老的時候，現在擔心的這些毛病，像肥胖啊，高血壓啊，痛風啊，白內障啊，老年癡呆（醫學上稱阿茲海默症）啊，癌症啊……肯定都有治療的辦法。」

但我想提醒你的是，活到一百歲和忍到一百歲，是兩種完全不同的命運。

休息就像是花十塊人民幣進停車場裡停車，可是很多人不願意花這個錢，等到被交通警察開單了，然後繳兩百塊人民幣罰款的時候才咬著牙說：「真是倒楣啊，早知道進停車場就好了。」

同樣，當你的健康亮起了紅燈，需要花兩萬、二十萬、兩百萬人民幣的時候，甚至是想花錢都沒辦法花出去的時候，你就會發現：「哎，早知道平時注意休息就好了。」

休息不是要改變你的生活，而是為了防止你的生活被改變。

生而為人，要麼就謹慎地選擇有所不為，要麼就身不由己地任憑命運擺布。

關於活著，死亡是最好的教育。當你享受著健康的身體為你帶來的一切時，你就會細心地呵護它、保養它，以期讓它走得更穩一點，也更遠一點。

你就會明白，熬夜不是勵志，而是在透支；英年不該早逝，而該早睡！

真的，早點睡吧，留給你的頭髮不多了！

2

我常常記不得剛剛結束的午飯吃了什麼，但我的人生中有幾個特別難忘的時刻。比如獻出初吻，比如第一本書面世，比如打給小智的那通電話。

小智是我小學四年級隔壁座位的同學，前陣子偶然得知他檢查出了癌症，還是晚期，我整個人都快要傻掉了。

在電話裡，我問他：「感覺怎麼樣？」

他笑呵呵地說：「感覺特別好玩。以前感冒發燒什麼的，就覺得難受得要死了；現在真的要死了，居然還感覺挺好的。」

全程我都不知道該說點什麼，反倒是他在不停地勸我，勸我不用擔心，勸我要注意養生，並一再強調「我們的身體遠沒有我們想像的那麼耐用」。

他說他已經這樣了，掙扎了大半年，痛不欲生了大半年，所以不希望再有人像他這樣受罪了。

他說自從考上大學之後，就以為自己脫離了父母的管束，以為擁有了自由自在的生活，但代價是：飲食不規律，作息不規律。

因為懶，他常常是吃了上頓，忘了下頓，等到覺得餓了，就點一堆外賣，垃圾食品和暴飲暴食就成了他生活的關鍵字。後果是，他的體重一路飆升的同時，老胃病也開始一犯再犯。

因為愛玩遊戲，他經常是半夜兩、三點才睡覺，有時候和室友吹牛聊天，整晚不睡覺也是常事。

一開始，他不覺得有什麼問題，就算胃痛得想死，但是一進入遊戲世界就忽略了；就算是熬了一整夜，第二天早上起來用冷水洗把臉就能生龍活虎一整天。

後來，眼前發黑、手腳發軟的小症狀越來越頻繁，直到有一天熬夜遊戲，他一頭昏倒在電腦前，後來做了全身體檢，這才發現心臟出了問題，胃上長了腫瘤⋯⋯

年輕不是本錢，只有建立在健康和努力的基礎上，年輕才算是本錢。

在很多人身上，年輕僅僅意味著隨便犯錯和隨時犯懶，意味著健康上的債臺高築和情緒上的兵荒馬亂。

結果是，暴飲暴食讓你得到了大快朵頤的樂趣，卻讓你忽略了身體的負荷；不規律的作息讓你享受到了黑夜帶來的放縱感，卻使你忘了身體已經嚴重超載。

我想說的是，你的身體是個仙境，是個聖殿，不是個垃圾桶。

那麼你呢？

要你每天喝八杯白開水，你總是覺得好麻煩，但如果要你喝八杯奶茶，只要有人肯請，你是來者不拒。

每天徘徊在吃飽和吃撐之間，還天天嘮叨著一堆歪理：「既然喝水都長肉，那我為什麼不喝可樂？」、「肉長出來還可以再減，但那些零食過期就不能再吃了。」

別人月入十萬，你是月入十萬卡路里；別人用著 512G 記憶體的手機，但胃似乎只有 16G；而你用著 16G 記憶體的手機，但胃像是有 512G。

別人說燒烤吃多了會增加癌症的風險，你照吃不誤；別人說零食吃多了會造成肥胖，你依然是停不下來。但如果別人勸你跑跑步，你就會擔心「腿會因此變粗」；如果別人勸你節制飲食，你就會顧慮「瘦下來會不會有什麼副作用」。

你為減肥做出的最大努力就是在吃火鍋、吃烤肉、吃奶油蛋糕的時候，配了一瓶無糖的飲料。

久而久之，你的肚腩就像是你人生的年輪，記錄了生活對你的不宣而戰，以及你對贅肉的不戰而降。

你的眼袋就像是你心靈的窗臺，展示了你靈魂的窘迫，以及你心事的落款。

我並不是單純地鼓勵「以瘦為美」，而是因為殘忍的現實是：你買十件漂亮的衣服也不如瘦十公斤好看。

良好的體態和線條，會讓你有更多的選擇。你不會因為胳膊太粗而不敢穿無袖的；不會因為腿太粗而不好意思穿短褲。你的最終選擇不再是基於「遮醜」，而是為了彰顯個性。

同樣，買十隻口紅也不如皮膚自然光亮好看，吃十公斤人參也不如早睡早起讓你有精神。

人生確實有很多的「身不由己」，但不要忘了自己一直都握有選擇的權利：

幾點上床睡覺？幾點手機關機？

這頓飯吃什麼？吃到幾分飽？

這塊排骨要不要拚了命地塞進肚子裡？這飯碗盛滿了還要不要再壓一壓？

這瓶可樂要不要全都灌進胃裡，喝完這杯奶茶要不要再來一杯？

吃完飯是躺在沙發上，還是下樓散散步？散完步是回去再吃一堆甜食，還是再跑跑步？

看完這一集電視劇是馬上去睡覺，還是一個晚上看完全部？刷完微博是馬上看看書，還是再刷一刷抖音？

人要為自己的選擇負責，負責這一刻的有滋有味和隨心所欲，還要負責下一刻的一場糊塗和每況愈下。

每個人的生活都像是一條長長的人行道，有人自律，他的路就會鋪得很平整，而你的路卻到處是裂縫、香蕉皮和菸頭。

3

心理學上有個專業名詞叫「道德許可效應」，大意是說，當一個人做了一點正面的事情，就會自我感覺良好，因此允許自己做一些反面的事。

比如，你早上鍛鍊了三小時就說自己「很好」，所以晚上很可能會覺得理所應當地拿一塊巧克力蛋糕犒賞自己；考試之前認真複習了半小時的英語，所以就可以心安理得地玩一小時手機。

又比如，覺得自己今天太累了，需要放鬆一下，所以就刷了一下午的微博；感覺眼前的事情有點煩躁，需要轉移一下注意力，所以就癱坐在沙發上看了一整夜的連續劇。

如此一來，你瘦不下來太正常了，因為你所謂的「苗條的身材」僅僅只是「節食了兩餐」，外加「毫無節制地吃到十二分飽」。

你在工作上毫無進步也是必然的，因為你所謂的「充實的一天」僅僅等於「工作了半小時」，外加「分心了六小時」。

你的健康狀況頻出也很正常，因為你所謂的「健康體魄」僅僅只是「運動了十分鐘」，外加「癱坐了三小時」。

你的錢包總是空空如也太正常了，因為你所謂的「節儉」僅僅等於「省掉了早餐」、「吃一個星期的泡麵」和「熬到零點搶幾張二十塊人民幣的優惠券」。

你每天的狀態都是萎靡不振也很正常，因為你所謂的「精力充沛」僅僅等於「睡了兩個半小時」，外加「喝了五杯咖啡」。

其實，毀掉你的大好前程的正是你自己，是你的拖延、自負，是你不健康的飲食和作息，是你越來越失控的情緒，是你思維上的墨守成規，是你越來越頻繁地找藉口，讓你親手傷害了自己，並謀殺了時間。

如果你能搞定自己，你還怕誰？

怕就怕，你覺得「道理都懂」，但實際上根本就沒有聽見警鐘。

就好比說，別人強調「上學吃外賣真的很不健康」，於是你就建議大家「不要上學」。

就好比說，新聞裡提到「一位張姓男子因為熬夜猝死」，於是你就慶幸自己不是姓張。

每天少吃一頓飯確實可以省下一筆錢，但這筆錢你要留著以後看胃病用；一口確實吃不成胖子，但是一口一口接一口就可以；熬夜確實可以防止老年癡呆，因為它會讓你活不到老年。

4

哦，對了，聽說醫學院的老師是這麼定義醫生這個角色的：

「我們所有人的歸宿都是火葬場，全在排隊，醫生的作用就是防止有人插隊，時不時地把人從隊伍裡拎出來往後面排，當然，有的實在拎不動的也只能隨他了！」

當你大半夜躊躇滿志的時候，不要總是反反覆覆地想：「總是有人要贏的，為什麼不能是我呢？」

你還可以這麼想：「總是有人要先死的，為什麼不能是我呢？」

快看快看，那個人好可憐，睡不著人，還睡不著覺。

22 改變自己的是神，改變別人的是神經病

1

和L先生有過交集的人都覺得他很難相處。比如有人跟他借書，如果別人還回來的時候弄髒了、弄皺了，那麼L先生就再也不會借他任何東西了；又比如和他約好了八點五十分見面，如果時間到了還沒有出現，那麼L先生就會馬上起身回家。

而我卻是例外，借用L先生的話來說就是：「你是唯一一個把我的書弄髒了，我還會借第二次的人，也是唯一一個遲到超過半小時，我依然會等的人。」

他「酸溜溜」地講這句話時，我撇著嘴說：「我弄髒過你的書嗎？我遲到過嗎？」他就嘎嘎地笑，然後把火鍋裡的肉都夾進自己碗裡，再壞笑著說：「你跟我客氣什麼，你倒是吃啊！」

每每這個時候，我就覺得自己翻白眼的技術又精進了許多。

我和L相識多年，不管是開玩笑，還是正經八百地談事情，兩個人的狀態都是放鬆且

隨意的。

我們可以隨時開始一個話題，也可以隨時結束；我們聊天不用秒回，誰覺得累了就隨時可以停止。

我們對對方的家庭瞭若指掌，而且可以毫不見外地打開對方家的冰箱找東西吃。我們送對方出門的時候特別隨意，常常講的臨別贈言是：「你走，我不送你；你來，不管風雨多大，一定要記得帶點東西。」

有一個相處舒服的朋友，就像得到了命運的特殊照顧。就是和他待在一起，你的心裡毫無顧慮，感覺就像是坐在池塘邊，用腳丫子拍水；就是和他閒聊，你會不知不覺說很多，會期待下一次見面。最重要的是，跟他見面之後，不只是讓你覺得他超級好，而且還會讓你覺得自己也超級棒。

就是不管什麼情況下說出來的話都覺得很坦誠。你驕傲的時候，他會捧你的場不潑冷水；你假裝臭屁的時候，他不會當著外人的面說破。

就是他誇你的時候，你不覺得是敷衍；他懟你的時候，你不覺得是刻薄。

就是你分享快樂的時候，他不會覺得你是在刻意炫耀；他訴苦的時候，你不會認為他矯情。

就是不會擔心對方有言外之意，即便是一句「不要你管」，你也不會多想。

就是即便對方突然不回覆了，你也不用擔心對方是不是生氣了，或者是不是不認同自己。

就是能一起分享很多有用的、沒用的、有趣的、無聊的東西，而你心裡不會有任何負擔，也不覺得麻煩。

就是你們不需要費力去偽裝或者賣弄，不需要刻意迎合或者遷就。

就是可以沉默也不覺得尷尬，可以熱鬧也不覺得受不了。

就是你知道他的難處，他體諒你的辛苦，彼此之間沒有勾心鬥角，也不用互相防備。

畢竟，朋友不是你請的保姆，不是拉來墊背、背鍋的，更不是被你收押的傀儡，而是和你同樣獨一無二、個性鮮明的另一個人，是打算和你組團出發，去瞧瞧這個殘酷而又美好人間的另一個自由的靈魂。

所以，你想吃撐，他買健胃消化錠給你就很好了；你想減肥，他能監督你跑步就很不錯了。但是，你不能要求他也撐到胃痛，或者拖著他跟你一起跑十公里。

你無辣不歡，他卻吃不了太辣。那麼這頓飯要麼是吃鴛鴦火鍋，要麼是自己點自己的最愛。不用非得他陪你辣得要死，或者你陪他吃得沒滋沒味。

你喜歡搖滾，他喜歡古典。那麼你就去看你的搖滾巨星，他聽他的CD。不用非得他陪你在嘈雜的現場被震得想死，或者你陪他聽得昏昏欲睡。

總的來說就是：久處不厭，閒談不煩，從不敷衍，絕不怠慢。一輩子很長，來按門鈴的人很多，豈能人人都讓你「喜出望外」呢？

也正因為如此，能遇上那麼幾個還能聊得來的人，真的是要謝天謝地。朋友之樂就樂在相處舒服上。試想一下，三年五年，十年二十年，你們都保持著緊密的聯絡，都是對方生命中最重要的人，到了七老八十，還能一起東拉西扯，說當年暗戀的某某，講這樣那樣的遺憾。

等到要與這個世界告別之時，還能打個電話給對方：「嘿，老東西，下輩子還一起玩啊！」

2

情人節的前一個星期，在雜誌社當主編的江大小姐興奮地說：「終於找到喜歡的包包了，我得告訴老曲一聲。」老曲是她丈夫，一個略顯木訥的工程師。

我問她：「你怎麼不等他送，而是開口要？」

她說：「與其等他費心去研究，然後送一個我其實沒那麼喜歡的禮物，不如直接告訴他我喜歡什麼。這樣他省心了，我也開心了，多好啊！」

如果是第一次看見他們倆，那麼百分之九十九的人會覺得：老曲配不上江大小姐。

我也曾問過江大小姐：「不論是長相、收入還是家境，你樣樣都比他好很多，怎麼就選了他做丈夫呢？」

江大小姐說：「因為跟他在一起很舒服。」

結婚五年來，他們還保持著戀愛的狀態——很甜蜜但不膩。

他們有完全獨立的交際圈，有完全獨立的經濟能力，更重要的是，他們在彼此面前是最真實的樣子。

比如，他們都不愛折騰，也不喜歡湊熱鬧。停車太難，他們就賣了汽車，天天騎車；朋友圈是非太多，他倆就關閉了朋友圈；他們也曾有一言不合的時候，但一定會有一方主動讓步或者突然笑場。

關於家境，江大小姐說：「我知道大房子很闊氣，知道好車很貴，知道某某的未來一片光明，可我更想要舒服的感覺，那些物質的東西我可以不要，或者說，我可以自己努力爭取。」

關於長相，江大小姐說：「剛認識他的時候，我曾為他的長相著急，這樣一個既文藝又有學問的小爺，老天怎麼配了那麼難看的一張臉給他？我還替他擔心，怕他那一嘴東倒西歪的牙齒，沒有姑娘會跟他接吻。可是相處下來，我覺得他比誰都好，跟他在一起，我心裡踏實，非常放鬆，非常自在。」

是的，飯要和投緣的人吃，日子要和舒服的人過。

不要找一個只有你的愛人，也別讓自己的生活只剩愛情。

愛情固然重要，但如果一味地讓愛情在任何條件下都優先，那只會讓愛情變成一種負擔，從而逼著相愛的人們想方設法地放棄這份愛。

兩個人在一起，只是因為這樣遠比一個人更好玩、更有趣、更舒服。所以別想占有對方，別想改造對方，也別勉強對方。

你可以癱在沙發上看你的小說，我可以靠在藤椅上聽我的音樂劇。我們在同一個空間裡做著各自喜歡的事情，互不打擾，互不強迫。但是，我可以停下來聽聽你讀完小說的感受，你也可以聽聽我對劇情的看法。

你可以品你的紅茶，我可以喝我的咖啡，我們偶爾抬頭碰到彼此的眼光，就「互贈」一個輕鬆的微笑或者凌厲的白眼，然後繼續做各自喜歡的事情。但是，我可以為你泡好茶，你可以幫我煮咖啡。

最舒服的關係就是：我尊重你的熱愛，你理解我的喜好。我們各自愛各自的，但不妨礙我們愛彼此！

3

有個大學生跟我講了他的困惑，說他的室友特別愛玩遊戲，而他更想學習。

他覺得室友浪費了大好的青春，而且還干擾了自己學習。所以他想帶著室友一起去自習，但提了幾次之後，室友還是照常玩遊戲，而且似乎有點討厭他了。

他問我：「老楊，你說我是繼續嘗試說服他呢？還是由著他去呢？」

我回答說：「不管你選哪一種，前提是讓人覺得舒服，而不是讓人覺得自己有毛病。改變別人其實就是想讓自己過得舒服點，所以你應該拋棄所謂的正義感。」

如果你準備改變一個人，千萬不要抱著「我這是為你好」的姿態，而是要時刻提醒自己：「我這是為了我自己好。」

當你提出要求的時候，請你試著剖析自己的動機，而不是一味想著「對方按照我說的做會得到哪些好處」。當你試著往深層次分析，或者對自己坦誠相待時，你就會意識到，自己並不完全是為了別人，所有的好心好意當中都有利己的成分，所有無私的奉獻當中都有自私的部分。

大概是因為人和機器的互動多了，人對人的期待就會變得苛刻，以至於很多人的常態是，除了手機，跟誰在一起都長久不了，跟誰在一起都不舒服。

你見不得別人犯錯，看不得別人犯傻，受不了別人跟自己不一樣，所以你總是習慣性地想要糾正或者改變別人，好像全世界就只有自己的腦袋最靈活，就像是開過光似的。

於是，人們常說的「一回生，兩回熟」，實際變成了「一回熟，兩回生」。

但問題是，誰身上都有一些無傷大雅的小缺點，誰的頭腦裡都有幾個頑固不化的看法，這是他與眾不同的標誌，不要用自己的標準去要求別人，不要拿自己的是非觀去評判別人。

想要擁有一段相處舒服的關係，你就得讓對方覺得舒服，所以你要時不時地掐死自己想要改正別人的念頭。

蔡康永曾說：「你的原則，你的襪子，都是你的。你的襪子不適合套在我的腳上，你的原則也不適合套在我的頭上。」

換言之，你不能把自己的個人喜好當回事，不要把自己的底線變成別人的鎖鏈，否則的話，你在對方的生命中扮演的，很可能只是一個「擋路的路人」角色。

你所謂的「我無意冒犯」，其實就是「冒犯」；你所謂的「我只是想幫你」，其實更像是在強調「你錯了」。

你上一秒祝他新年快樂，下一秒就讓他不想活了；你今天祝他長命百歲，明天就給他灌了一肚子苦水。

跟你這種人相處，他不如去逛淘寶，至少淘寶顯示的都是他喜歡的東西，而你說的卻沒有一句是他愛聽的。

所謂教養，就是做事的時候，很自然地不讓人家產生壓力；所謂修行，就是讓每個靠近自己的人都很舒服。

所以我的建議是：自己不理解的，試著去理解；理解不了的，學會去尊重；實在是尊重不了的，也要想一想再罵。

生活已經很累了，誰都不想勉強自己去經營一段不舒服的關係。

23

士為知己者裝死，女為悅己者整型

1

耶誕節聚餐，K姑娘一直在玩手機，她老公瞄了一眼，然後小聲問她：「你怎麼還在買衣服？」

K姑娘一臉壞笑地回應：「天冷了，狗都知道換毛，我買衣服怎麼了？」

她老公馬上豎起大拇指，眾人則哄笑。

K姑娘愛買衣服，但不太愛整理。在她戀愛之前，她的媽媽就曾經對她說：「像你這麼懶的傢伙，以後有人娶你才怪！」K姑娘則不屑一顧地回應道：「那我以後就找個愛整理的老公。」

然而事實上，她老公更不愛整理。有很長一段時間，他們家亂得就像菜市場，鞋子、襪子和皺巴巴的衣服扔得到處都是。看不過去的時候，K姑娘也會發脾氣，但成效甚微，以至於到現在，99%的整理工作都是由K姑娘完成的。

旁人都看得出來，婚後的K姑娘變勤快了，儘管她不時地對外宣稱：「再不勤快一點，家裡的貓都要離家出走了。」

有個閨蜜替她打抱不平：「哼，你一個千金大小姐，憑什麼當他的保姆啊？」

K姑娘笑呵呵地說：「這有什麼關係，他還是個經理呢，回家還不是要幫我倒洗腳水。」

合拍的祕密大概就是：我今天妥協一下，你明天妥協一下；我在這裡妥協一下，你在那裡妥協一下。

你受不了他的臭毛病，但同時知道自己也沒有好到哪裡去，所以看到他願意改掉一點點，你也願意改掉一點點。你和他或多或少地失去了一部分自我，但因此變成了越來越合拍的「我們」。

這時候，你就會明白，原則和底線應該是富有彈性的，而不是死板的；妥協和退讓可以是愉快的，而不是可恥的。

不要總覺得只有自己在受委屈，多想想對方為了跟你在一起做了多少妥協。

當你受不了他把鞋子襪子到處亂扔的時候，不妨想一想他可能也受不了你大半夜拉他下樓吃宵夜。結果是，你提醒了幾次，他亂扔的習慣稍微收斂了一點點；你撒嬌了一下下，他就撇下遊戲陪你去吃宵夜了。

當你受不了他說話帶刺的時候，不妨想一想他可能也受不了你的「半天憋不出來一個字」。結果是，你生氣了一下下，他在你面前稍微改了一下說話方式；你沉默的次數多了，他就習慣了主動尋找話題。

當你受不了他精打細算地過日子時，不妨也想一想他可能受不了你大手大腳地亂花錢。結果是，他慢慢嘗到了生活品質的甜頭，而你也在有意識地減少不必要的開銷。

妥協不是將就，將就是逃避問題，而妥協是解決問題。

妥協也不是討好，討好是變相地對自己施暴，而妥協則是換了一種方式讓自己開心。

就像渡邊淳一在《鈍感力》中寫的那樣：「人啊，只有對各種令人不快的毛病忽略不計、泰然處之，才能開朗、大度地活下去。」

無論什麼時候，當兩個人的生活出現了矛盾時，你都要記住，是「我們PK問題」，不是「我PK你」。

經常聽到有人說「不妥協」，但相當大一部分人所謂的「不妥協」翻譯成大白話就是：「我才不管我老不老、懶不懶、醜不醜、窮不窮，我也不管社會講不講門當戶對和郎才女貌，反正這個世界得為我準備一個十全十美的戀人，而且他還得理解我、愛著我、守護我，他最好還會燒一桌子好菜，會寫一手好情書，會說一堆甜死人的情話。」

我也承認，世界上肯定有你說的這種完美的戀人，他各方面都是滿分：英姿颯爽，才高八斗，富甲一方，談吐風趣，品味一流，情商出眾，廚藝卓絕……但我希望你能想一下：如此完美的人為什麼要選漏洞百出的你？

那麼，愛情到底需不需要妥協呢？

我覺得是這樣的：開始一段關係之前，你最好不要妥協。

你喜歡帥的，那麼就別為了急著脫單而選個醜的；你想要找個有錢的，那就別因為愁嫁而嫁給窮的；你想找個品德高尚的，就要警惕口碑不好的。

但是，如果動了心，或者已經和覺得合適的人在一起了，那麼你就需要做出妥協。

就像是，你喜歡辣火鍋，他喜歡清湯鍋，那就一起去吃鴛鴦鍋，你在辣湯裡涮你喜歡的手切牛肉，他在清湯裡涮他喜歡的茼蒿和豆皮。

就像是，你喜歡吃榴槤，而他喜歡吃桃子，你買榴槤的時候會想著幫他買桃子，而他去買桃子的時候也會想著幫你買榴槤。

愛不是讓人受委屈的，而是一起消滅失望，創造希望。

怕就怕，有的人什麼都想要，要很多很多的愛，要很多很多的錢，要無休止的新鮮感，要隨處可見的儀式感，任何一點沒有得到滿足，就覺得自己虧了，覺得別人變了。

對這種在感情裡受不了半點委屈的人，我建議你還是去抓個唐僧做男朋友吧，能玩就一起玩，不能玩就把他吃掉，不管怎樣都不虧。

2

我剛畢業就到瀋陽了，有幸認識了老余。一有時間，我們倆就混在一起，逛街、擼串（吃燒烤）、吹牛、暢想未來。

喝完三塊人民幣一瓶的啤酒，兩個人就大言不慚地說哪天要把路邊攤斜對面的一排大樓全都買下來，如果再加一碟花生米，感覺整個地球都是自己的。

牛沒少吹，丟臉的事情也沒少做。有一次閒逛，餓得前胸貼了後背，我們倆就隨便進了路邊一家不起眼的小餐廳，真的是很不起眼。

但入座之後，拿到菜單的時候，我們就傻眼了——太貴了！

當時，服務員面露微笑地恭候在一旁，我們的臉色則由慘白變得緋紅，就在這時候，他開口說話了：「那個，老楊，你不是說等一下有個學長要來嗎？咱們是不是應該去接接學長？」

我秒懂，還假裝拍了一下大腿：「哎呀，怎麼把這件事忘了，走走走，快去接人。」

就這樣，我們匆匆地「逃」了出來，走了好遠才敢回頭望，生怕那個服務員站在門口盯著我們。

就這樣，兩個餓得飢腸轆轆的年輕人抱著馬路邊的電線桿笑得前仰後合。

但我們並不擔心在對方面前丟臉，我知道他一個月就那麼點薪水，他也知道我一個月就那麼點稿費，我們落荒而逃是如此的天經地義。

生活中的我們互相敬佩。他敬佩我能一動不動地坐上幾個小時，而我敬佩他文采斐然；他覺得如果我和他在同一家公司，那麼他肯定沒有我進步快；而我覺得要是在同一個部門，我肯定沒有他吃得開。

同時我們也互相「看不慣」。他看不慣我話太少，我看不慣他是話癆；他看不慣我成天抱著書啃，我看不慣他成天寫情書給不同的人。所以他從來不會看我寫的東西，而我也從來不會關心他的戀情。

但我們還是樂於見面，要麼是各玩各的保持沉默，要麼是毫無芥蒂地說著各自的痛快和困惑。

舒服就是：彼此之間有心照不宣的留白與空間，也有無須多言的尊重與理解。

就像林語堂在《後臺朋友》裡寫的那樣：「在他面前，不必化妝，不必穿戲服，不必做事情，不必端架子，可以說真話，可以說洩氣話，可以說沒出息的話，可以讓他知道你很脆弱、很懦弱、很害怕……在他面前你早已沒形象可言了，也樂得繼續沒形象下去。」

我們都希望擁有一個和諧的人際關係，但人與人之間是一定會有矛盾的。不管多麼親近，多麼了解，當彼此的想法、行動、需求或目標不符時，都有可能產生矛盾，乃至隔閡。

比如，你認為你自己做得已經足夠好了，而他還是覺得你得加油；你喜歡週末睡個懶覺，而他則喜歡一早起來玩吉他；你覺得自己很有教養，而他偶爾會表現失態；你自認為非常有誠信，而他偶爾會撒個謊。

又比如，你心心念念追到手的那個人可能會隔三差五地激怒你，你以為能夠繼續一輩子的友誼可能正在崩塌的邊緣，你打算為之奮鬥終生的事業可能越來越不順。

這些時候，腦子就得變成容器，而不是計算機。

你得記著對方的好，來抵消他的不好。你得去了解對方的真實想法和需求，去理解對方的底線和原則，最終求同存異，找到最舒服的相處方式。

而不是一味地宣示自己是直腸子，受得了這個、受不了那個，然後稍有不滿就絕交，稍有不如意就斷交，稍微被冷落了一下就徹底寒了心。

換言之，你為對方所做的種種妥協，統統都是基於「我想了解你」、「我很了解你」，以及「我始終支持你」。

因為你的妥協不是為了得到他的感激，而是為了讓這段關係還能繼續下去。

所謂「知己」大概就是：他身上有你崇尚的品質，你身上也有他敬佩的素養；在你們眼裡，對方不僅有做朋友的善良，還有足以成為對手的勇武。因為對方的存在，這個世界就多了一個可以分享一切的人，而不是多了一段讓人疲憊的關係。

3

有個男生問我：「我不想向生活妥協，有錯嗎？」

我回覆道：「算不上錯，但你要明白，生活也不會向你妥協，你能硬得過它就行。」

我所理解的「妥協」，並不是做自己不喜歡的事，而是做自己「明知道是不對」的事。

比如說，接受一份低於自己期望的工作並不是「妥協」，因為它可能是累積經驗的必經之路，但是，在做這份工作的過程中消極怠工就是妥協。

聽從老闆下達的指令不是「妥協」，因為老闆的格局可能比你更大，他考慮問題可能比你周全，但是，對老闆的指令陽奉陰違就是妥協。

和與自己觀點不同的同事合作不是「妥協」，因為這是工作需要，但是，裝作與他觀點一致或者在背後搞小動作就是妥協。

接受朋友的建議而做出改變不是妥協，因為自己可能考慮不夠周全，但是，違背自己的判斷或者僅僅是為了取悅朋友就是妥協。

換句話說，「生活需要妥協嗎？」這一提問其實可以簡化成：你的妥協是服務於真與善，還是屈從於假和醜？

很多人喜歡把成長和妥協扯在一起，覺得成長就是妥協，就是被生活磨平稜角的過程。

其實這只是一種錯覺。你並不是因為成長才妥協的，只是因為你在小時候不需要考慮太多，所以有很長一段時間，你覺得世界是自己的，覺得所有人就應該繞著自己轉。這種心態很正常，但如果一輩子都這麼想，就太幼稚了。

同樣，你幻想出「稜角」這種東西，無非就是撫慰一下自己當前的不如意罷了，好讓自己以為曾經的「那個我」非常自由，非常有個性，非常勇敢，這種心態也很常見，但如果天天這麼想，就太矯情了。

事實上，你就是一個越活越明白的俗人，你根本就沒有什麼金光閃閃的「稜角」，生活也根本不會派巨獸或者惡魔來打磨你，你只是越來越有自知之明了，越來越清楚自己在這個社會中的位置，越來越清楚世界到底是怎麼回事了。

所以，你修正了自己的航線，只是為了讓自己這艘破船不至於撞到冰山；你略微調整了一下高度，只是為了讓自己這架小飛機不至於一頭栽進雷暴雲團之中。

就好比說，你以前覺得愛就是「只求付出，不求回報」，可是當你經歷了幾段虐心的感情之後，你才曉得，任何感情都是要求回報的。於是，你從「只求付出」變成了「需要回報」。

就好比說，你以前覺得「見死不救」的都是人渣，可是當你遇見有人落水了，你也猶豫了，因為你不確定自己救不救得了那個人。於是，你從「憎恨見死不救」變成了「我也見死沒救」。

就好比說，手機變得越來越智慧了，電腦變得越來越小巧了，它們不是跟誰妥協了，而是越來越適應這個時代了。

是的，你學會了設身處地，學會了站在別人的立場看待問題，學會了體諒，也學會了權衡。

也正因為如此，你摧毀了從前的狹隘格局，推翻了童話故事般的認知，撕破了歲月靜好的假象。這是你基於「見識增長」的重新思考，是你不偏執、不死板、不幼稚的自我調整，你應該為此感到高興。

畢竟，人都是在跌跌撞撞中把自己調整到適應這個世界的樣子的。

風往哪個方向吹，草就要往哪個方向倒。

年輕的時候，我們都以為自己是風，可是某一刻頓悟之後才知道，原來我們都是草。

成長的祕訣就是：慢慢理解世界，慢慢更新自己。如此一來，即使不夠順心，也還能如意。

高寶書版集團
gobooks.com.tw

高寶文學 053
熱愛可抵歲月漫長，它是疲憊生活的英雄夢想

作　　者　老楊的貓頭鷹
責任編輯　林子鈺
封面設計　林政嘉
內頁排版　賴姵均
企　　劃　何嘉雯

發 行 人　朱凱蕾
出　　版　英屬維京群島商高寶國際有限公司台灣分公司
　　　　　Global Group Holdings, Ltd.
地　　址　台北市內湖區洲子街 88 號 3 樓
網　　址　gobooks.com.tw
電　　話　(02) 27992788
電　　郵　readers@gobooks.com.tw（讀者服務部）
　　　　　pr@gobooks.com.tw（公關諮詢部）
傳　　真　出版部　(02) 27990909　行銷部 (02) 27993088
郵政劃撥　19394552
戶　　名　英屬維京群島商高寶國際有限公司台灣分公司
發　　行　英屬維京群島商高寶國際有限公司台灣分公司
初版日期　2020 年 9 月

原書名：熱愛可抵歲月漫長
本作品中文繁體版通過成都天鳶文化傳播有限公司代理，經瀋陽悅風文化傳播有限公司授予英屬維京群島商高寶國際有限公司臺灣分公司獨家發行，非經書面同意，不得以任何形式，任意重製轉載。

國家圖書館出版品預行編目 (CIP) 資料

熱愛可抵歲月漫長，它是疲憊生活的英雄夢想 / 老楊的貓頭鷹著 . -- 初版 . -- 臺北市：高寶國際，2020.09
面；　公分 . -- (高寶文學：053)

ISBN 978-986-361-903-1(平裝)
1. 自我實現　2. 生活指導　3. 成功法

177.2　　109012522